일본어 회화
100일의 기적

100일 후에는 나도 일본어로 말한다!

일본어회화 100일의 기적

지은이 윤선경
펴낸이 임상진
펴낸곳 (주)넥서스

초판 1쇄 발행 2018년 5월 20일
초판 16쇄 발행 2024년 1월 30일

2판 1쇄 발행 2025년 2월 10일
2판 3쇄 발행 2025년 10월 15일

출판신고 1992년 4월 3일 제311-2002-2호
주소 10880 경기도 파주시 지목로 5
전화 (02)330-5500 팩스 (02)330-5555

ISBN 979-11-6683-986-3 13730

출판사의 허락 없이 내용의 일부를
인용하거나 발췌하는 것을 금합니다.
저자와의 협의에 따라서 인지는 붙이지 않습니다.

가격은 뒤표지에 있습니다.
잘못 만들어진 책은 구입처에서 바꾸어 드립니다.

www.nexusbook.com

100일 후에는 나도 일본어로 말한다!

일본어 회화
100일의 기적

윤선경 지음
고마츠자키 유키타카 감수

나 ....는
일본어회화 100일의 기적으로
100일 뒤 반드시
일본어 초보를 탈출할 것이다.

머리말

대한민국에서 일본어 잘하는 법

여러분, 일본어회화 잘하고 싶으시죠?

　외국어 하나쯤 잘해야 하는 요즘, 과연 외국어는 어떻게 하면 잘할 수 있을까요? 인터넷을 조금만 뒤져 봐도 정말 많은 팁들과 비법이 쏟아져 나오지만, 그중 정말 어느 것이 정답일까요? 구체적인 학습법은 개인차가 있어서 어느 하나가 베스트라고 말할 수 없겠지만, 한 가지 분명한 사실은 많은 외국어 마스터들이 소개하는 공통된 특징은 '외국어 공부는 운전을 배우듯 하라'는 것입니다.

　"외국어 학습은 자동차 운전과 같다!"

　외국어 학습의 특징은 우리가 운전을 하게 되는 것과 같습니다. 운전을 처음 배울 때는 자동차나 교통 규칙 등을 알아야 하지만 결국 익숙해지면 무의식 중에 시동을 걸고 자유자재로 운전을 하게 되듯이, 외국어도 처음에는 문법을 이해하고 단어를 암기해서 결국 모국어를 말하듯 무의식 중에도 외국어가 나올 수 있도록 연습을 해야 하는 거예요. 즉, 많은 연습이 필요하겠죠!

　그래서 이 책은 매일 지루하지 않게 새로운 표현을 재미있게 학습할 수 있도록 구성했습니다. 인사, 이동, 쇼핑, 음식점, 일본인과의 교제라는 다섯 가지 상황에서 일본을 여행하시거나 일본에서 생활을 하시게 되면 언제 어디서나 반드시 듣게 되는 표현들을 엄선했습니다. 매일매일 두 가지 표현만 암기해 주세요. 그러면 100일 후에 여러분은 멋진 일본어 운전자가 되실 수 있습니다.

　일본 속담에 継続こそ力なり라는 말이 있습니다. '계속함이 바로 힘이 된다'라는 뜻이에요. 이 책이 여러분에게 큰 힘이 되길 바랍니다.

저자 윤선경

일본어회화 100일의 기적 공부법

미리보기

① 오늘의 표현 확인!
이 문장만은 꼭 외워 주세요.

② 해설강의
먼저 저자 선생님의 해설강의를 들어 보세요.
어떤 상황에서 쓸 수 있는 표현인지 어떤 뉘앙스인지를 알려 줍니다. 일본이라는 나라와 일본 사람들을 이해하는 데 도움이 되는 꿀팁도 놓치지 마세요.

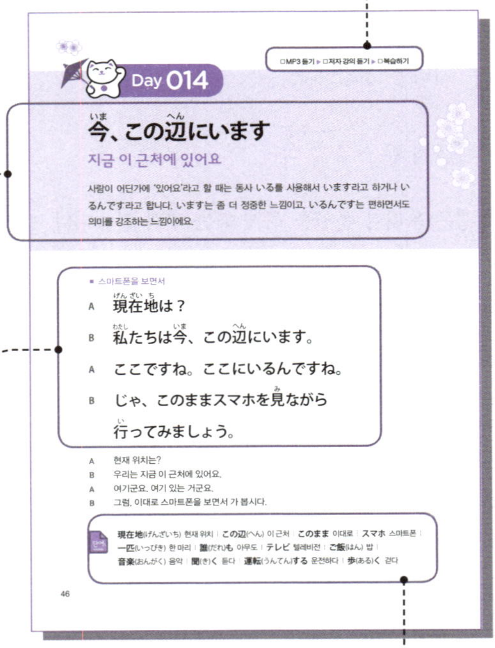

Day 014
□MP3 듣기 □저자 강의 듣기 □복습하기

今、この辺にいます
지금 이 근처에 있어요

사람이 어딘가에 '있어요'라고 할 때는 동사 いる를 사용해서 います라고 하거나 いるんです라고 합니다. います는 좀 더 정중한 느낌이고, いるんです는 편하면서도 의미를 강조하는 느낌이에요.

■ 스마트폰을 보면서
A 現在地は？
B 私たちは今、この辺にいます。
A ここですね。ここにいるんですね。
B じゃ、このままスマホを見ながら
　行ってみましょう。

A 현재 위치는?
B 우리는 지금 이 근처에 있어요.
A 여기군요. 여기 있는 거군요.
B 그럼, 이대로 스마트폰을 보면서 가 봅시다.

現在地(げんざいち) 현재 위치 | この辺(へん) 이 근처 | このまま 이대로 | スマホ 스마트폰 | 一匹(いっぴき) 한 마리 | 誰(だれ)も 아무도 | テレビ 텔레비전 | ご飯(はん) 밥 | 音楽(おんがく) 음악 | 聞(き)く 듣다 | 運転(うんてん)する 운전하다 | 歩(ある)く 걷다

46

---

③ 실용 생활일본어
활용도 100%의 실용 생활일본어 표현으로 구성되어 있습니다.
MP3를 듣고 따라 말하는 연습을 해 보세요.

④ 단어
잘 안 외워지는 단어는 형광펜으로 표시해 놓고 보면 편하겠죠?

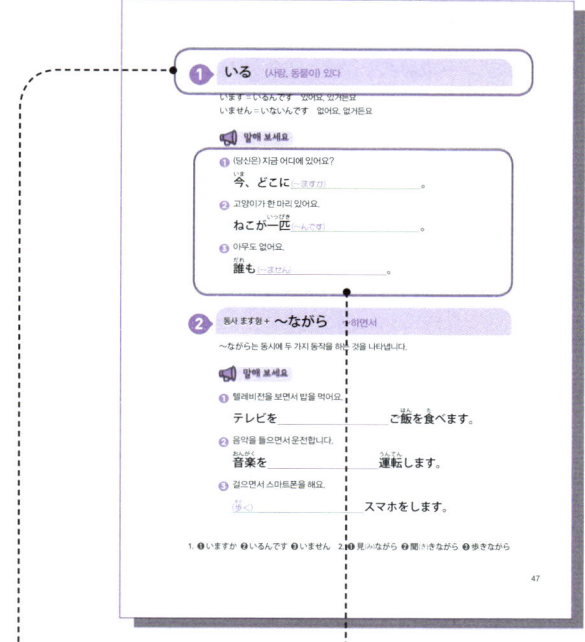

❺ 회화 포인트
본격적인 회화 연습 시간입니다.
먼저 포인트 확인!

❻ 응용 회화 문장들
외워서 바로 써먹을 수 있는 회화 문장들입니다.
빈칸에 들어갈 말을 적고, 세 번씩 읽어 보세요.

무료 MP3 & 해설강의 듣는 방법

원어민 MP3 듣기
- 스마트폰으로 책 속의 QR코드를 인식하세요.
- PC에서 MP3 다운받기 www.nexusbook.com

저자 해설강의 듣기
- 스마트폰으로 책 속의 QR코드를 인식하세요.
- 오디오클립과 팟빵에서 일본어회화 100일 을 검색하세요.

 audioclip.naver.com   podbbang.com

• 100일의 기적 학습 진도표 •

Day 001~012		페이지	공부한날
DAY 001	今日はいい天気ですね 오늘은 날씨가 좋네요	18	월 일
DAY 002	行ってきます　다녀오겠습니다	20	월 일
DAY 003	ただいま　다녀왔습니다	22	월 일
DAY 004	お休みなさい　안녕히 주무세요	24	월 일
DAY 005	では、また　그럼 또 봐요	26	월 일
DAY 006	お元気で　잘 있어요	28	월 일
DAY 007	お先に失礼します　먼저 실례하겠습니다	30	월 일
DAY 008	とんでもないです　별말씀을요	32	월 일
DAY 009	申し訳ありません　죄송합니다	34	월 일
DAY 010	おめでとうございます　축하해요	36	월 일
DAY 011	ここはJRですか　여기는 JR이에요?	40	월 일
DAY 012	JRはどこにありますか JR은 어디에 있어요?	42	월 일

Day 013~024

		페이지	공부한날
DAY 013	地下鉄はないですか　지하철은 없어요?	44	월　일
DAY 014	今、この辺にいます 지금 이 근처에 있어요	46	월　일
DAY 015	この電車は空港に行きますか 이 전철은 공항에 갑니까?	48	월　일
DAY 016	次の電車の方が早いですよ 다음 전철이 빨라요	50	월　일
DAY 017	次の電車に乗ってください 다음 전철을 타세요	52	월　일
DAY 018	乗らない方がいいです 타지 않는 게 좋아요	54	월　일
DAY 019	乗り換えなければなりません 갈아타야 해요	56	월　일
DAY 020	どう違いますか　어떻게 달라요?	58	월　일
DAY 021	時間はどれぐらいかかりますか 시간은 얼마나 걸려요?	62	월　일
DAY 022	料金はいくらぐらいかかりますか 요금은 얼마나 들어요?	64	월　일
DAY 023	何時出発の飛行機ですか 몇 시에 출발하는 비행기예요?	66	월　일
DAY 024	ここに行きたいですが 여기에 가고 싶은데요	68	월　일

Day 025~036

			페이지	공부한 날
DAY 025	道に迷った時は	길을 잃었을 때는	70	월 일
DAY 026	ここから遠いですか	여기에서 멀어요?	72	월 일
DAY 027	まっすぐ行ってください	곧장 가세요	74	월 일
DAY 028	渡らないでください	건너지 마세요	76	월 일
DAY 029	右に行くということですね 오른쪽으로 가는 거군요		78	월 일
DAY 030	そうすると見えるはずです 그러면 보일 거예요		80	월 일
DAY 031	ご覧ください	구경하세요	84	월 일
DAY 032	どんなバッグをお探しですか 어떤 가방을 찾으세요?		86	월 일
DAY 033	このバッグはどうですか 이 가방은 어때요?		88	월 일
DAY 034	よくないですか	좋지 않아요?	90	월 일
DAY 035	シンプルな感じが好きです 심플한 느낌을 좋아해요		92	월 일
DAY 036	もっと vs. もう少し	훨씬 더 vs. 조금 더	94	월 일

	Day 037~048	페이지	공부한날
DAY 037	ちょっと見せてください 좀 보여 주세요	96	월 일
DAY 038	これにします 이것으로 할게요	98	월 일
DAY 039	返品や交換はできません 반품이나 교환은 안 됩니다	100	월 일
DAY 040	レジ袋は要りません 쇼핑백은 필요 없어요	102	월 일
DAY 041	かわいいでしょう 예쁘지요?	106	월 일
DAY 042	試着してみてもいいですか 입어 봐도 돼요?	108	월 일
DAY 043	9号というのは 9호라는 것은	110	월 일
DAY 044	サイズはおいくつですか 사이즈는 얼마예요?	112	월 일
DAY 045	ちょっと考えてみます 좀 생각해 볼게요	114	월 일
DAY 046	何名様ですか 몇 분이세요?	116	월 일
DAY 047	どちらがよろしいですか 어느 쪽이 좋으세요?	118	월 일
DAY 048	ご注文はお決まりですか 주문은 정하셨어요?	120	월 일

Day 049~061

		페이지	공부한날
DAY 049	お勧めは？　추천 메뉴는요?	122	월　일
DAY 050	お待たせいたしました 오래 기다리셨습니다	124	월　일
DAY 051	いただきます　잘 먹겠습니다	128	월　일
DAY 052	ごちそうさまでした　잘 먹었습니다	130	월　일
DAY 053	お持ち帰りですか　가져가실 거예요?	132	월　일
DAY 054	どちらになさいますか 어느 쪽으로 하시겠어요?	134	월　일
DAY 055	注文したのと違います 주문한 것하고 달라요	136	월　일
DAY 056	初めまして　처음 뵙겠습니다	138	월　일
DAY 057	お名前は？　성함이 (어떻게 되세요)?	140	월　일
DAY 058	韓国から来ました　한국에서 왔어요	142	월　일
DAY 059	銀行で働いています 은행에서 일하고 있습니다	144	월　일
DAY 060	千葉に住んでいます 치바에 살고 있어요	146	월　일
DAY 061	日本は長いですか 일본에 온 지 오래됐나요?	150	월　일

	Day 062~074	페이지	공부한날
DAY 062	日本語がお上手ですね 일본어를 잘하시네요	152	월 일
DAY 063	まだまだです 아직 멀었어요	154	월 일
DAY 064	何がお好きですか 무엇을 좋아하세요?	156	월 일
DAY 065	食べるのが好きです 먹는 것을 좋아해요	158	월 일
DAY 066	何が一番好きですか 뭐를 제일 좋아해요?	160	월 일
DAY 067	嫌いなものは? 싫어하는 것은?	162	월 일
DAY 068	なぜ嫌いですか 왜 싫어해요?	164	월 일
DAY 069	付き合っている人はいますか 사귀고 있는 사람은 있어요?	166	월 일
DAY 070	どんな人が好きですか 어떤 사람을 좋아해요?	168	월 일
DAY 071	お酒は強い方ですか 술은 센 편이에요?	172	월 일
DAY 072	ビールと焼酎とどっちが好きですか 맥주하고 소주 중에 어느 쪽을 좋아하세요?	174	월 일
DAY 073	よく飲みに行きますか 자주 마시러 가요?	176	월 일
DAY 074	そんなにたくさん飲めません 그렇게 많이 못 마셔요	178	월 일

	Day 075~087	페이지	공부한날
DAY 075	**ぜんぜん飲むことができません** 전혀 못 마셔요	180	월 일
DAY 076	**週末はいつも何をしますか** 주말엔 언제나 뭐 해요?	182	월 일
DAY 077	**土曜日は何をするつもりですか** 토요일은 뭐 할 거예요?	184	월 일
DAY 078	**家で休もうと思います** 집에서 쉬려고 해요	186	월 일
DAY 079	**どこで会いましょうか** 어디에서 만날까요?	188	월 일
DAY 080	**映画を見る前に** 영화를 보기 전에	190	월 일
DAY 081	**海という店を知っていますか** 바다라는 가게를 아세요?	194	월 일
DAY 082	**いっしょに行ってもらえますか** 같이 가 줄래요?	196	월 일
DAY 083	**何でも聞きます** 뭐든지 들어줄게요	198	월 일
DAY 084	**遅くなってすみません** 늦어서 죄송해요	200	월 일
DAY 085	**早めに来ようとしたんですが** 일찍 오려고 했는데	202	월 일
DAY 086	**この店は人気みたいですね** 이 가게는 인기인가 봐요	204	월 일
DAY 087	**遠くからも来るらしいです** 멀리서도 찾아오는 것 같아요	206	월 일

Day 088~100		페이지	공부한날
DAY 088	おいしそう！ 맛있겠다!	208	월 일
DAY 089	まるで宝石のようですね 마치 보석 같네요	210	월 일
DAY 090	僕に払わせてください 제가 내게 해 주세요	212	월 일
DAY 091	本当においしかったです 진짜 맛있었어요	216	월 일
DAY 092	何がしたいですか 뭐 하고 싶어요?	218	월 일
DAY 093	連休はどう過ごしましたか 연휴는 어떻게 보냈어요?	220	월 일
DAY 094	東口にある店じゃないですか 동쪽 출구에 있는 가게 아니에요?	222	월 일
DAY 095	人が多かったでしょう 사람이 많았지요?	224	월 일
DAY 096	1時間も待たされたんですか 1시간이나 기다리게 했어요?	226	월 일
DAY 097	行ったことがありますか 간 적이 있어요?	228	월 일
DAY 098	いい思い出になりました 좋은 추억이 됐어요	230	월 일
DAY 099	日本語が上手になりましたね 일본어가 많이 늘었네요	232	월 일
DAY 100	食べられるようになったんです 먹을 수 있게 됐어요	234	월 일

원어민 MP3와
저자 해설강의를 들어 보세요

Day 001~010

- **Day 001**　今日はいい天気ですね 오늘은 날씨가 좋네요
- **Day 002**　行ってきます 다녀오겠습니다
- **Day 003**　ただいま 다녀왔습니다
- **Day 004**　お休みなさい 안녕히 주무세요
- **Day 005**　では、また 그럼 또 봐요
- **Day 006**　お元気で 잘 있어요
- **Day 007**　お先に失礼します 먼저 실례하겠습니다
- **Day 008**　とんでもないです 별말씀을요
- **Day 009**　申し訳ありません 죄송합니다
- **Day 010**　おめでとうございます 축하해요

Day 001

□MP3 듣기 ▶□저자 강의 듣기 ▶□복습하기

今日はいい天気ですね
오늘은 날씨가 좋네요

맑은 날보다 흐린 날이 많은 일본은 서로 인사를 할 때 날씨 이야기를 하는 경우가 많습니다. 그런데 일본 사람들은 콤팩트한 명사 표현을 선호해서 날씨가 좋다고 할 때 天気がいいですね보다는 보통 いい天気ですね라고 합니다.

A 今日はいい天気ですね。

B けっこう暖かくなりましたね。

A ええ、そうですね。

A 오늘은 날씨가 좋네요.
B 꽤 따뜻해졌지요?
A 네, 그러네요.

단어
今日(きょう) 오늘 | 天気(てんき) 날씨 | けっこう 꽤 | 暖(あたた)かい 따뜻하다 | 変(へん)だ 이상하다 | すごい 굉장하다 | 雪(ゆき) 눈 | 毎日(まいにち) 매일 | 雨(あめ) 비 | 暑(あつ)い 덥다 | 大(おお)きい 크다 | 仲(なか)よい 사이가 좋다

1 명사 + ～ですね ~네요, ~군요

📢 말해 보세요

① 정말 날씨가 이상하네요.

本日(ほんとう)に変(へん)な_____ですね。

② 눈이 굉장히 많이 오네요.

すごい_____ですね。

③ 매일 비가 오네요.

毎日(まいにち)_____ですね。

2 (い형용사) ～くなる ~해지다

い형용사 어미 い를 く로 바꾸세요.

📢 말해 보세요

① 많이 더워졌지요?

けっこう_____なりましたね。

② 꽤 많이 컸구나!

けっこう_____なったね！

③ 그녀와 친해지고 싶어요.

彼女(かのじょ)と (仲(なか)よい)_____なりたいです。

---

1. ❶ 天気(てんき) ❷ 雪(ゆき) ❸ 雨(あめ)   2. ❶ 暑(あつ)く ❷ 大(おお)きく ❸ 仲よく

□MP3 듣기 ▶ □저자 강의 듣기 ▶ □복습하기

行ってきます
다녀오겠습니다

行ってきます는 매일 아침 집을 나설 때는 물론이고 장거리 여행을 떠날 때, 잠깐 자리를 비울 때 반드시 주고받는 인사말입니다.

A じゃ、行ってきます。

B 行ってらっしゃい。
今日も頑張ってね。

A 그럼, 다녀오겠습니다.
B 다녀오세요.
오늘도 파이팅!

行(い)ってくる 갔다 오다, 다녀오다 | 頑張(がんば)る 노력하다 | すぐ 금방 |
トイレ 화장실 | 一人(ひとり)で 혼자서 | 気(き)を付(つ)ける 조심하다 |
心配(しんぱい)する 걱정하다 | 早(はや)く 빨리

1 行ってきます 다녀오겠습니다, 갔다 오겠습니다

🔊 말해 보세요

① 금방 다녀올게요.
　　すぐ＿＿＿＿＿＿＿＿＿＿＿＿＿＿＿＿＿。

② 화장실 좀 다녀오겠습니다.
　　ちょっとトイレに＿＿＿＿＿＿＿＿＿＿＿＿＿＿＿＿＿。

③ 혼자 갔다 올게요.
　　一人(ひとり)で＿＿＿＿＿＿＿＿＿＿＿＿＿＿＿。

2 行ってらっしゃい 다녀오세요, 갔다 오세요

🔊 말해 보세요

① 조심해서 다녀오세요.
　　気(き)を付(つ)けて＿＿＿＿＿＿＿＿＿＿＿＿＿＿＿＿＿。

② 걱정 말고 다녀오세요.
　　心配(しんぱい)しないで＿＿＿＿＿＿＿＿＿＿＿＿＿＿＿＿。

③ 여기 있을 테니까 빨리 갔다 오세요.
　　ここにいるから、早(はや)く＿＿＿＿＿＿＿＿＿＿＿＿＿＿＿＿＿。

---

1. ❶行ってきます ❷行ってきます ❸行ってきます
2. ❶行ってらっしゃい ❷行ってらっしゃい ❸行ってらっしゃい

Day 003

ただいま
다녀왔습니다

외출했다가 돌아왔을 때는 ただいま라고 합니다. ただいま帰(かえ)りました (지금 돌아왔어요)에서 帰りました를 생략한 표현이에요. 그리고 기다리고 있던 사람은 お帰りなさい라고 합니다.

A ただいま。

B お帰(かえ)りなさい。

A ああ、お腹(なか)空(す)いた。

A (지금) 다녀왔습니다.
B 어서 와요.
A 아, 배고파.

帰(かえ)る 귀가하다, 귀국하다 | **お腹(なか)が空(す)く** 배가 고프다 | **出(で)かける** 외출하다 | **電話(でんわ)に出(で)る** 전화를 받다 | **国(くに)** 나라 | **そろそろ** 슬슬 | **何時(なんじ)** 몇 시

1 ただいま　지금 막 (돌아왔어요)

ただいま는 今(いま)를 강조한 표현으로 그 밖의 다른 상황에서도 많이 쓰인답니다.

📢 말해 보세요

① 지금은 외출 중입니다.

　　_____出かけております。

② 지금은 전화를 받을 수 없습니다.

　　_____電話に出ることができません。

③ 학교 다녀왔습니다.

　　_____。

2 帰る　귀가하다, 귀국하다

📢 말해 보세요

① 언제 귀국하세요?

　　いつ国に_____。

② 슬슬 집에 갑시다.

　　そろそろ_____。

③ 오늘은 몇 시에 (집에) 오니?

　　今日は何時に_____の？

---

1. ❶ただいま ❷ただいま ❸ただいま　2. ❶帰りますか ❷帰りましょう ❸帰る

□ MP3 듣기 ▶ □ 저자 강의 듣기 ▶ □ 복습하기

お<ruby>休<rt>やす</rt></ruby>みなさい

안녕히 주무세요

お休みなさい는 자기 전에 하는 인사인데, 가족끼리는 짧게 お休み라고 말하기도 합니다. 동사 休む가 '쉬다'라는 의미이기 때문에 일본 사람들은 밤늦게 헤어질 때 お休みなさい라고 하기도 합니다.

A　もう、こんな<ruby>時間<rt>じかん</rt></ruby>！
　　<ruby>早<rt>はや</rt></ruby>く<ruby>寝<rt>ね</rt></ruby>なくちゃ。
　　お<ruby>休<rt>やす</rt></ruby>みなさい。

B　はい、お<ruby>休<rt>やす</rt></ruby>み。

A　벌써 시간이 이렇게 됐네!
　　어서 자야지.
　　안녕히 주무세요.

B　그래, 잘 자라.

단어　もう 벌써, 이미, 이제, 더 | **寝(ね)る** 자다 | **休(やす)む** 쉬다 | **水(みず)** 물 | **買(か)う** 사다 | **テスト** 시험 | **勉強(べんきょう)する** 공부하다 | **家(うち)** 집 | **先(さき)に** 먼저

1 동사 부정형 + 〜なくちゃ 〜해야지

〜なくちゃ는 〜なくてはならない(〜하지 않으면 안 된다)를 줄인 표현이에요.

📢 말해 보세요

❶ 물도 사야지.
　水(みず)も＿＿＿＿＿＿＿＿＿＿＿＿＿＿＿。

❷ 시험이니까 공부해야지.
　テストだから＿＿＿＿＿＿＿＿＿＿＿＿＿。

❸ 슬슬 집에 가야지.
　そろそろ家(うち)に＿＿＿＿＿＿＿＿＿＿＿。

2 お休(やす)みなさい 안녕히 주무세요, 쉬세요

📢 말해 보세요

❶ 이제 잡시다. 잘 자요.
　もう寝(ね)ましょう。＿＿＿＿＿＿＿＿＿＿＿。

❷ 먼저 잔다. 잘 자.
　先(さき)に寝(ね)るね。＿＿＿＿＿＿＿＿＿＿。

❸ 그럼, 또 봐요. 쉬세요.
　では、また。＿＿＿＿＿＿＿＿＿＿＿＿＿。

---

1. ❶ 買(か)わなくちゃ ❷ 勉強(べんきょう)しなくちゃ ❸ 帰(かえ)らなくちゃ
2. ❶ お休みなさい ❷ お休み ❸ お休みなさい

Day 005

では、また
그럼 또 봐요

만났다가 헤어질 때는 어떻게 인사할까요? 여러분이 잘 알고 계시는 さよなら는 원래 '그러면……'이라는 뜻이에요. 일본 사람들은 말을 끝까지 확실하게 하는 것을 피하는 성향이 있어서 헤어질 때도 '그러면……'이라고 한 것이 인사가 됐죠. 요즘은 さよなら보다 では、また 또는 じゃあね나 またね를 더 많이 씁니다.

A　さよなら。また明日(あした)。

B　では、また。

A　안녕히 계세요. 내일 봐요.
B　그럼, 또 봐요.

A　じゃあね。

B　またね。

A　안녕.
B　또 보자.

また 또, 다시 | 明日(あした) 내일 | 来週(らいしゅう) 다음 주 | いつか 언젠가 | あさって 내일모레 | 楽(たの)しい 즐겁다 | 元気(げんき)だ 건강하다, 잘 지내다

1 また明日(あした) 내일 또 봐(요)

'~에 또 봐요'라고 할 때는 「また + 만날 때」의 형태로 쓰면 돼요.

📢 말해 보세요

❶ 그럼, 다음 주에 봅시다.

では、また_____。

❷ 그럼, 언젠가 또 봅시다.

では、_____いつか。

❸ 그럼, 내일모레 보자.

じゃ、_____。

2 じゃあね 안녕 / またね 또 보자

📢 말해 보세요

❶ 안녕. 조심해서 가.

_____。気(き)を付(つ)けて。

❷ 또 보자. 오늘도 즐거웠어.

_____。今日(きょう)も楽(たの)しかった。

❸ 안녕. 잘 있어.

_____。元気(げんき)でね。

---

1. ❶来週(らいしゅう) ❷また ❸またあさって   2. ❶じゃあね ❷またね ❸じゃあね

Day 006

お元気で
잘 있어요

이별을 할 때 한동안 만나지 못하는 경우는 건강을 기원하며 お元気で라고 인사합니다. 그리고 '몸조심하세요'라고 할 때는 お体に気を付けてください라고 합니다.

A では、また。お元気で。

B お体に気を付けてください。

A 着いたら連絡します。

A 그럼, 또 봐요. 잘 있어요.
B 몸조심하세요.
A 도착하면 연락할게요.

体(からだ) 몸 | **着**(つ)く 도착하다 | **連絡**(れんらく)**する** 연락하다 | **会**(あ)う 만나다 | **赤**(あか)**ちゃん** 아기 | **声**(こえ) 목소리 | **車**(くるま) 자동차 | **風邪**(かぜ) 감기 | **足元**(あしもと) 발밑

1. 元気だ 건강하다 (な형용사) / 元気 원기, 힘 (명사)

📢 **말해 보세요**

① 다시 만날 때까지 잘 있어요.
また会う日まで_____。

② 건강한 아기
_____赤ちゃん

③ 목소리에 힘이 없네요.
声に_____がないですね。

2. 気を付けてください 조심하세요

'〜를 조심하세요'라고 할 때는 앞에「주의할 대상 + に」를 붙입니다.

📢 **말해 보세요**

① 차 조심하세요.
_____気を付けてください。

② 감기 조심하세요.
風邪に_____。

③ 발밑을 조심하세요.
_____気を付けてください。

---

1. ❶お元気で ❷元気な ❸元気
2. ❶車(くるま)に ❷気を付けてください ❸足元(あしもと)に

□MP3 듣기 ▶ □저자 강의 듣기 ▶ □복습하기

Day 007

お先に失礼します
먼저 실례하겠습니다

회사에서 먼저 퇴근할 때는 お先に失礼します라고 합니다. 상사는 그냥 お先に라고 하는 경우도 많아요. 그리고 '수고했다'고 말할 때도 손윗사람은 お疲れ様, 손아랫사람은 お疲れ様でした라고 합니다. 하지만 상대방이 아직 일을 하고 있을 때는 お疲れ様です라고 하세요.

■ 부하 직원이 상사에게

A お先に失礼します。

B お疲れ様。

A 먼저 가겠습니다(실례하겠습니다).
B 수고했어.

■ 상사가 부하 직원에게

A お先に。

B お疲れ様でした。

A 먼저 갈게.
B 수고하셨습니다.

失礼(しつれい)する 실례하다 | **疲(つか)れる** 피곤하다, 힘들다 | **お腹(なか)** 배 | **中(なか)** 안 | **いつも** 언제나, 항상

1 失礼します 실례하겠습니다

자신의 행동이 상대방에게 피해가 될 것 같을 때 쓰면 좋아요.

📢 **말해 보세요**

① 잠깐 실례할게요. 배가…….

ちょっと_____。お腹が…。

② 가방 안을 좀 보겠습니다.

_____をちょっと失礼します。

③ (전화를 끊을 때) 이만 끊겠습니다.

_____。

2 お疲れ様でした 수고하셨습니다

疲れる는 원래 '피곤하다', '힘들다'라는 뜻의 동사입니다.

📢 **말해 보세요**

① 아, 피곤해.

ああ、_____。

② 오늘도 수고했어요.

今日も_____。

③ 언제나 수고가 많으십니다.

いつも_____。

---

1. ❶失礼します ❷かばんの中(なか) ❸失礼します
2. ❶疲れた ❷お疲れ様でした ❸お疲れ様です

Day 008

とんでもないです
별말씀을요

상대방이 ありがとうございます 하고 감사의 마음을 표현했을 때 어떻게 대답하면 좋을까요? どういたしまして(천만에요)라는 말이 있기는 하지만, 실제로는 とんでもないです(별말씀을요)라는 표현을 더 많이 씁니다. 감사, 칭찬, 사과의 말을 들었을 때 써 보세요.

A どうも、ありがとうございます。

B いいえ、とんでもないです。

A 정말 감사합니다.
B 아니에요, 별말씀을요.

A どうも、すみません。

B いいえ、とんでもないです。

A 정말 죄송합니다.
B 아니에요, 별말씀을요.

どうも 너무, 아주 | 上手(じょうず)だ 잘하다 | 話(はなし) 이야기 | こちらこそ 저야말로 | 先日(せんじつ) 며칠 전, 요전 | 久(ひさ)しぶりだ 오랜만이다

1 とんでもないです 별말씀을요, 말도 안 돼요

とんでもない는 상식을 넘어 '말도 안 된다'는 부정적인 의미도 있습니다.

📢 말해 보세요

① A 일본어를 잘하시네요. 日本語(にほんご)がお上手(じょうず)ですね。

　B 아니에요, 별말씀을요. いいえ、_____。

② 그건 말도 안 되는 이야기예요.

それは_____話(はなし)です。

③ 별말씀을요. 저야말로 감사해요.

_____。こちらこそ、ありがとうございます。

2 どうも 인사말을 강조하거나 대신하는 말

どうも는 ありがとうございます, すみません 같은 인사말을 강조하기도 하고, 친한 사이에서는 どうも만으로 여러 인사말을 대신하기도 합니다.

📢 말해 보세요

① 요전에는 고마웠어요.

先日(せんじつ)は_____。

② 실례가 많았습니다.

_____失礼(しつれい)しました。

③ 아이고, 오랜만이에요.

_____お久(ひさ)しぶりです。

---

1. ❶ とんでもないです ❷ とんでもない ❸ とんでもないです　2. ❶ どうも ❷ どうも ❸ どうも

Day 009

申し訳ありません
죄송합니다

사과할 때는 보통 すみません이나 ごめんなさい를 쓰지만, 큰 실수를 했을 때는 '뭐라 드릴 말씀이 없다'는 뜻의 申し訳ありません이라는 표현을 씁니다. 申し訳(드릴 말씀)에 ありません(없습니다)를 연결한 표현인데, ありません의 겸양어 ございません을 써서 더 정중하게 말하기도 합니다.

■ 정중하게 사과할 때

A 大変、申し訳ありません。

B 大丈夫です。

A 대단히 죄송합니다. (뭐라 드릴 말씀이 없습니다.)
B 괜찮아요.

■ 더욱 정중하게 사과할 때

A 大変、申し訳ございません。

B 大丈夫です。気にしないでください。

A 대단히 죄송합니다. (뭐라 드릴 말씀이 없습니다.)
B 괜찮아요. 신경 쓰지 마세요.

大変(たいへん) 대단히 | **大丈夫**(だいじょうぶ)**だ** 괜찮다 | **気**(き)**にする** 신경을 쓰다 | **忙**(いそが)**しい** 바쁘다 | **電車**(でんしゃ) 전철 | **遅**(おく)**れる** 늦다 | **迷惑**(めいわく)**をかける** 폐를 끼치다 | **ぜんぜん** 전혀 | **服装**(ふくそう) 옷차림, 복장

1 申し訳ありません　죄송합니다

申し訳ないです 또는 申し訳ございません이라고 할 수도 있습니다.
ないです < ありません < ございません의 순으로 더 정중한 표현입니다.

📢 말해 보세요

① 바쁘신데 죄송해요.
お忙しいところ、＿＿＿＿＿＿＿ないです。

② 전철이 늦어서 대단히 죄송합니다.
電車が遅れて、大変＿＿＿＿＿＿＿ありません。

③ 불편을 끼쳐 드려서 대단히 죄송합니다.
ご迷惑をおかけして、大変＿＿＿＿＿＿＿ございません。

2 気にする　신경을 쓰다

'신경을 쓰지 않다'는 気にしない입니다.

📢 말해 보세요

① 저는 신경 쓰지 마세요.
私のことは、＿＿＿＿＿＿＿ください。

② 그런 거 전혀 신경 안 써.
そんなこと、ぜんぜん＿＿＿＿＿＿＿。

③ 옷차림을 신경 쓰나요?
服装を＿＿＿＿＿＿＿。

---

1. ❶申し訳 ❷申し訳 ❸申し訳　2. ❶気にしないで ❷気にしない ❸気にしますか

Day 010

おめでとうございます
축하해요

기쁜 일을 축하할 때는 おめでとうございます라고 합니다. 그리고 どうぞ는 상대방에게 어떤 행동을 권할 때 '이리 오세요', '앉으세요', '보세요', '드세요' 등등 구체적인 단어를 몰라도 그 단어들을 대신해서 쓸 수 있는 아주 유용한 표현이니까 꼭 알아 두세요.

A お誕生日、おめでとうございます。

B ありがとうございます。
  プレゼントを開けてみてもいいですか。

A はい、どうぞ。

A 생일 축하해요.
B 감사합니다. 선물을 열어 봐도 돼요?
A 네, 그러세요.

誕生日(たんじょうび) 생일 | プレゼント 선물 | 開(あ)ける 열다 | 結婚(けっこん) 결혼 |
新年(しんねん)が明(あ)ける 새해가 밝다 | 当(あ)たり 당첨 | お茶(ちゃ) 차

1 おめでとうございます 축하합니다

🔊 말해 보세요

① 결혼 축하합니다.
ご結婚、＿＿＿＿＿＿＿＿＿＿＿＿＿＿＿＿＿＿＿＿。

② 신년을 축하합니다. (새해 복 많이 받으세요.)
新年明けまして、＿＿＿＿＿＿＿＿＿＿＿＿＿＿＿＿＿＿＿＿。

③ 당첨입니다. 축하합니다.
当たりです。＿＿＿＿＿＿＿＿＿＿＿＿＿＿＿＿。

2 どうぞ ~하세요

🔊 말해 보세요

① 이쪽으로 오세요.
＿＿＿＿＿＿＿＿＿へどうぞ。

② 먼저 쓰세요.
お先に＿＿＿＿＿＿＿＿＿。

③ 차 좀 드세요.
お茶を＿＿＿＿＿＿＿＿＿。

---

1. ❶おめでとうございます ❷おめでとうございます ❸おめでとうございます
2. ❶こちら ❷どうぞ ❸どうぞ

Day 011~020

- **Day 011** ここはJRですか 여기는 JR이에요?
- **Day 012** JRはどこにありますか JR은 어디에 있어요?
- **Day 013** 地下鉄はないですか 지하철은 없어요?
- **Day 014** 今、この辺にいます 지금 이 근처에 있어요
- **Day 015** この電車は空港に行きますか 이 전철은 공항에 갑니까?
- **Day 016** 次の電車の方が早いですよ 다음 전철이 빨라요
- **Day 017** 次の電車に乗ってください 다음 전철을 타세요
- **Day 018** 乗らない方がいいです 타지 않는 게 좋아요
- **Day 019** 乗り換えなければなりません 갈아타야 해요
- **Day 020** どう違いますか 어떻게 달라요?

Day 011

☐ MP3 듣기 ▶ ☐ 저자 강의 듣기 ▶ ☐ 복습하기

ここはJR(ジェーアール)ですか
여기는 JR이에요?

교통비가 비싸기로 유명한 일본! 마니아들이 있을 정도로 열차의 종류도 다양하고 역 안에 있는 승강장도 많아서 일본 사람들도 헤맬 때가 많습니다. 이동 중에 자신이 타려고 하는 전철 역이 어딘지 확인하고 싶을 때는 어떻게 말하는지 알아봅시다. 참고로 JR(Japan Railroad)은 일본 정부가 운영하는 전철입니다.

A　ここはJR(ジェーアール)ですか。

B　いいえ、違(ちが)います。

　　ここはJR(ジェーアール)ではありません。

A　여기는 JR이에요?
B　아니요, 그렇지 않아요.
　　여기는 JR이 아니에요.

違(ちが)う 다르다 | **考(かんが)え方(かた)** 생각, 사고방식 | **ただ** 그냥 | **友達(ともだち)** 친구 | **冗談(じょうだん)** 농담 | **意味(いみ)** 의미, 뜻

1. 違(ちが)う 다르다, 그렇지 않다

違う는 원래 '다르다', '맞지 않다'라는 뜻인데, 회화에서 '아니다', '그렇지 않다'라고 할 때 자주 쓰입니다.

📢 말해 보세요

① 생각이 달라요.
　考(かんが)え方(かた)が＿＿＿＿＿＿＿＿＿＿。

② 아니에요. 그냥 친구예요.
　＿＿＿＿＿＿＿＿＿＿。ただの友達(ともだち)です。

③ 전혀 달라요.
　ぜんぜん＿＿＿＿＿＿＿＿＿＿。

2. 명사 + 〜ではありません 〜이 아니에요

〜では는 짧게 〜じゃ라고 하기도 합니다.

📢 말해 보세요

① 여기는 아사쿠사가 아니에요.
　ここは浅草(あさくさ)＿＿＿＿＿＿＿＿＿＿＿＿＿＿＿。

② 농담이 아닙니다.
　＿＿＿＿＿＿＿＿＿ではありません。

③ 그런 뜻이 아니에요.
　そういう(意味(いみ))＿＿＿＿＿＿＿＿＿＿＿＿＿。

---

1. ❶違います ❷違います ❸違います
2. ❶ではありません ❷冗談(じょうだん) ❸意味ではありません

□MP3 듣기 ▶□저자 강의 듣기 ▶□복습하기

Day 012

JRはどこにありますか
JR은 어디에 있어요?

どこにありますかと どこですかは 찾는 곳이 어디에 있는지 물어볼 때 쓰는 표현입니다. 그리고 무언가를 설명할 때 자주 쓰는 〜じゃなくて(〜가 아니라)도 정말 많이 쓰는 표현이니 꼭 암기해 두세요.

A　JRの駅はどこですか。

　　どこにありますか。

B　JRの駅はここじゃなくて、あそこです。

A　JR 역은 어디예요?
　　어디에 있어요?
B　JR 역은 여기가 아니라 저기예요.

駅(えき) 역 | あそこ 저기 | 出口(でぐち) 출구 | 卵(たまご) 달걀 | 水(みず) 물 | お酒(さけ) 술 | 席(せき) 자리

1 どこにありますか 어디에 있어요?
どこですか 어디예요?

📢 **말해 보세요**

① 출구는 어디에 있어요?

出口は＿＿＿＿＿＿＿ありますか。

② 화장실은 어디예요?

トイレは＿＿＿＿＿＿＿ですか。

③ 달걀은 어디에 있어요?

卵はどこに＿＿＿＿＿＿＿＿＿＿。

2 명사 + 〜じゃなくて 〜가 아니라

📢 **말해 보세요**

① 여기는 아사쿠사가 아니라 아사쿠사바시예요.

ここは浅草＿＿＿＿＿＿＿＿＿浅草橋です。

② 이건 물이 아니라 술이에요.

これは＿＿＿＿＿＿＿じゃなくてお酒です。

③ 우리 자리는 여기가 아니라 저기예요.

私たちの席は、＿＿＿＿＿＿＿＿＿＿あそこです。

---

1. ❶どこに ❷どこ ❸ありますか 2. ❶じゃなくて ❷水(みず) ❸ここじゃなくて

Day 013

地下鉄はないですか
지하철은 없어요?

우리말 '없어요'에 해당하는 일본어는 ないです와 ありません 두 가지가 있습니다. 동사 ある(있다)의 부정형 ない(없다)를 사용해서 ないです라고 하거나 あります의 부정형 ありません을 사용하는 것입니다.

A 地下鉄はないですか。

B はい、ありません。
この近くには、電車しかありません。

A 지하철은 없나요?
B 네, 없어요.
이 근처에는 전철밖에 없어요.

地下鉄(ちかてつ) 지하철 | **近**(ちか)**く** 근처 | **電車**(でんしゃ) 전철 | **〜しか** 〜밖에 | **ない** 없다 | **問題**(もんだい) 문제 | **時間**(じかん) 시간 | **本当**(ほんとう)**に** 정말 | **何**(なん)**にも** 아무것도 | **タクシー** 택시 | **お金**(かね) 돈

1 ないです 없습니다

반말 표현 '없다'는 ない라고 합니다. 회화에서 정말 많이 등장하니까 꼭 암기해 두세요.

말해 보세요

❶ 전혀 문제 없습니다.
　ぜんぜん問題_____。

❷ 이제 시간이 없어.
　もう時間が_____。

❸ 정말 아무것도 없어요.
　本当に何にも_____。

2 명사 + ～しかありません ～밖에 없어요

～しか의 뒤에는 반드시 부정형이 옵니다. ありません 대신 ないです를 쓸 수 있습니다.

말해 보세요

❶ 이 시간에는 택시밖에 없어요.
　この時間には、_____ありません。

❷ 돈은 이것밖에 없어요.
　お金は_____ありません。

❸ 이제 5분밖에 안 남았어요.
　もう_____ありません。

---

1. ❶ないです ❷ない ❸ないです　2. ❶タクシーしか ❷これしか ❸5分(ごふん)しか

Day 014

今、この辺にいます
지금 이 근처에 있어요

사람이 어딘가에 '있어요'라고 할 때는 동사 いる를 사용해서 います라고 하거나 いるんです라고 합니다. います는 좀 더 정중한 느낌이고, いるんです는 편하면서도 의미를 강조하는 느낌이에요.

■ 스마트폰을 보면서

A 現在地は？

B 私たちは今、この辺にいます。

A ここですね。ここにいるんですね。

B じゃ、このままスマホを見ながら行ってみましょう。

A 현재 위치는?
B 우리는 지금 이 근처에 있어요.
A 여기군요. 여기 있는 거군요.
B 그럼, 이대로 스마트폰을 보면서 가 봅시다.

現在地(げんざいち) 현재 위치 | **この辺**(へん) 이 근처 | **このまま** 이대로 | **スマホ** 스마트폰 | **一匹**(いっぴき) 한 마리 | **誰**(だれ)**も** 아무도 | **テレビ** 텔레비전 | **ご飯**(はん) 밥 | **音楽**(おんがく) 음악 | **聞**(き)**く** 듣다 | **運転**(うんてん)**する** 운전하다 | **歩**(ある)**く** 걷다

1. いる (사람, 동물이) 있다

います = いるんです 있어요, 있거든요
いません = いないんです 없어요, 없거든요

📢 말해 보세요

❶ (당신은) 지금 어디에 있어요?

今(いま)、どこに（～ますか）_____。

❷ 고양이가 한 마리 있어요.

ねこが一匹(いっぴき)（～んです）_____。

❸ 아무도 없어요.

誰(だれ)も（～ません）_____。

2. 동사 ます형 + ～ながら ～하면서

～ながら는 동시에 두 가지 동작을 하는 것을 나타냅니다.

📢 말해 보세요

❶ 텔레비전을 보면서 밥을 먹어요.

テレビを_____ご飯(はん)を食(た)べます。

❷ 음악을 들으면서 운전합니다.

音楽(おんがく)を_____運転(うんてん)します。

❸ 걸으면서 스마트폰을 해요.

(歩(ある)く)_____スマホをします。

---

1. ❶いますか ❷いるんです ❸いません 2. ❶見(み)ながら ❷聞(き)きながら ❸歩きながら

47

Day 015

この電車は空港に行きますか
이 전철은 공항에 갑니까?

오늘은 동사 行く 와 함께 일본의 공손한 표현을 공부해 봅시다. 우리말도 공손한 표현이 '합니다', '해요'로 두 가지가 있듯이 일본어도 ます형과「동사 기본형 + んです」의 두 가지가 있습니다. 두 표현을 자유롭게 바꿔 말할 수 있도록 연습해 두세요.

A この電車は空港に行くんですか。

B はい、行きます。

A 이 전철은 공항에 가나요?
B 네, 갑니다.

A この電車は空港に行きますか。

B いいえ、行きません。行かないんです。

A 이 전철은 공항에 갑니까?
B 아니요, 가지 않습니다. 안 가요.

空港(くうこう) 공항 | **いっしょに** 같이 | **来週**(らいしゅう) 다음 주 | **学校**(がっこう) 학교 | **どこにも** 아무 곳에도

1 行きます = 行くんです 갑니다, 가요

📢 **말해 보세요**

① 어디에 갑니까?

　　どこに(~んですか)_____。

② 같이 갑니다.

　　いっしょに(~ます)_____。

③ 다음 주에 갈 거예요.

　　来週(らいしゅう)(~んです)_____。

2 行きません = 行かないんです 가지 않습니다, 안 가요

📢 **말해 보세요**

① 학교에 가지 않습니다.

　　学校(がっこう)に(~ません)_____。

② 같이 안 가요?

　　いっしょに(~んですか)_____。

③ 아무 데도 안 갈 거예요.

　　どこにも(~ません)_____。

---

1. ❶行くんですか ❷行きます ❸行くんです
2. ❶行きません ❷行かないんですか ❸行きません

Day 016

次の電車の方が早いですよ
다음 전철이 빨라요

여행할 때 늘 우리를 고민하게 만드는 건 아마 시간일 거예요. 그래서 오늘은 시간이 '빠르다', '이르다'라는 뜻의 い형용사 早い를 살펴보려고 합니다. 부사형 早く(일찍)와 반대말 遅い(늦다)도 함께 알아 두세요.

A この電車は行かないんですか。

B 行きますけど、これは各駅ですから遅いです。
次の電車の方が早いですよ。
快速ですから。

A 이 전철은 안 가요?
B 가지만, 이건 로컬 전철이니까 늦어요.
다음 전철이 빨라요.
쾌속이니까.

各駅(かくえき) 로컬 전철, 각 역 정차 | **遅**(おそ)**い** 늦다 | **次**(つぎ) 다음 | **早**(はや)**い** 빠르다 |
快速(かいそく) 쾌속 | **まだ** 아직 | **朝**(あさ) 아침 | **起**(お)**きる** 일어나다 |
休(やす)**み** 휴일, 휴가 | **お願**(ねが)**い** 부탁 | **大人**(おとな) 어른

1

早い (시간이) 이르다, 빠르다   **遅い** 늦다

말해 보세요

① 아직 일러요.

まだ_____。

② 아침에 일찍 일어나요.

朝_____起きます。

③ 늦은 시간에 죄송해요.

_____時間にすみません。

2

명사 + **〜ですから**   〜이니까(요) 〈이유〉

말해 보세요

① 오늘은 휴일이니까요.

今日は休み_____。

② 당신 부탁이니까요.

あなたの_____ですから。

③ 이제 어른이니까 괜찮아요.

もう_____大丈夫です。

---

1. ❶ 早いです ❷ 早く ❸ 遅い 2. ❶ ですから ❷ お願(ねが)い ❸ 大人(おとな)ですから

Day 017

次(つぎ)の電車(でんしゃ)に乗(の)ってください
다음 전철을 타세요

오늘은 교통수단을 이용할 때 사용하는 동사 乗(の)る와 降(お)りる를 중심으로 상대에게 어드바이스를 할 때 사용하는 표현들을 공부해 보겠습니다. 〜に乗る(〜를 타다), 〜で降りる(〜에서 내리다)의 형태로 조사와 함께 암기해 두는 것이 좋습니다.

A 次(つぎ)の電車(でんしゃ)に乗(の)ってください。
　　次(つぎ)の電車(でんしゃ)に乗(の)った方(ほう)がいいですよ。

A 다음 전철을 타세요.
　　다음 전철을 타는 게 좋아요.

B 次(つぎ)の駅(えき)で降(お)りてください。
　　次(つぎ)の駅(えき)で降(お)りた方(ほう)がいいですよ。

B 다음 역에서 내리세요.
　　다음 역에서 내리는 게 좋아요.

〜に乗(の)る 〜를 타다 | **〜で降(お)りる** 〜에서 내리다 | **こっち** 이쪽 | **呼(よ)ぶ** 부르다 | **病院(びょういん)** 병원 | **少(すこ)し** 조금 | **休(やす)む** 쉬다 | **止(や)める** 그만두다

1 ～てください ～하세요, ～해 주세요

📢 말해 보세요

1. 빨리 가세요.

   早(はや)く_____。

2. 이쪽으로 오세요.

   こっちに_____。

3. 택시를 불러 주세요.

   タクシーを(呼(よ)ぶ)_____。

2 ～た方(ほう)がいいです ～하는 게 좋아요

📢 말해 보세요

1. 병원에 가는 게 좋아요.

   病院(びょういん)に_____方(ほう)がいいです。

2. 좀 쉬는 게 좋아요.

   少(すこ)し休(やす)んだ_____。

3. 그건 그만두는 게 좋아요.

   それは(止(や)める)_____。

---

1. ❶行(い)ってください ❷来(き)てください ❸呼んでください
2. ❶行(い)った ❷方がいいです ❸止めた方がいいです

Day 018

乗(の)らない方(ほう)がいいです

타지 않는 게 좋아요

상대방이 실수하지 않도록 조언할 때는 〜ない方がいいです(〜하지 않는 게 좋아요)라고 합니다. 그리고 '〜가 없다면'이라는 조건의 표현은 〜がなければ(사물, 사실이 없을 때)와 〜がいなければ(사람, 동물이 없을 때) 두 가지가 있습니다.

A　時間(じかん)がなければ、
　　各駅(かくえき)には乗(の)らない方(ほう)がいいです。
　　時間(じかん)がかかりますよ。

A　시간이 없으면 로컬 전철은 타지 않는 편이 좋아요.
　　시간이 걸려요.

時間(じかん)がかかる 시간이 걸리다 | **質問(しつもん)** 질문 | **君(きみ)** 너, 자네 |
予約(よやく) 예약 | **だめだ** 안 되다 | **たくさん** 많이 | **飲(の)む** 마시다 |
正直(しょうじき)に 솔직히 | **当分(とうぶん)** 당분간 | **無理(むり)する** 무리하다

1 〜が(い)なければ ~가 없으면

📢 말해 보세요

① 질문이 없으면 오늘은 여기까지.
  質問が_____、今日はここまで。

② 네가 없으면 아무것도 할 수 없어.
  君が_____、何にもできない。

③ 예약이 없으면 안 돼요.
  予約が_____だめです。

2 〜ない方がいいです ~하지 않는 게 좋아요

📢 말해 보세요

① 술은 많이 마시지 않는 게 좋아요.
  お酒はたくさん_____方がいいです。

② 솔직히 말하지 않는 편이 좋아요.
  正直に言わない_____。

③ 당분간 무리하지 않는 게 좋아요.
  当分は_____。

---

1. ❶ なければ ❷ いなければ ❸ なければ
2. ❶ 飲(の)まない ❷ 方がいいです ❸ 無理(むり)しない方がいいです

乗(の)り換(か)えなければなりません
갈아타야 해요

일본 여행을 갔을 때 제일 먼저 부딪히는 어려움이 아마 교통 환승, 갈아타기일 거예요. 환승 방법이 우리나라의 교통수단과는 다른 부분이 있어 주의하셔야 합니다. 그리고 '~해야 한다'를 일본어로 할 때는 '~하지 않으면 안 된다(~なければならない)'의 이중 부정 형태로 표현합니다.

A この電車(でんしゃ)は途中(とちゅう)で乗(の)り換(か)えなければなりません。
そして、乗(の)り換えを間違(まちが)えると大変(たいへん)ですよ。

A 이 전철은 도중에 갈아타야 해요.
그리고 환승을 잘못하면 힘들어요.

途中(とちゅう)で 도중에 | 乗(の)り換(か)える 갈아타다 | 間違(まちが)える 틀리다 | 大変(たいへん)だ 큰일이다, 힘들다 | 出(で)る 나가다 | 飛行機(ひこうき) 비행기 | 必(かなら)ず 꼭 | やる 하다 | 暗証番号(あんしょうばんごう) 비밀번호 | 授業(じゅぎょう) 수업 | 遅刻(ちこく)する 지각하다 | 方向(ほうこう) 방향

1 〜なければなりません 〜하지 않으면 안 돼요, 〜해야 해요

〜なければならない 〜하지 않으면 안 돼, 〜해야 해

📢 말해 보세요

① 지금 나가지 않으면 안 돼요.

今(いま)、(出る)＿＿＿＿＿＿＿＿＿なりません。

② 9시 비행기를 타야 해요.

9時(くじ)の飛行機(ひこうき)に＿＿＿＿＿＿＿なりません。

③ 꼭 해야 하는 일이 있어요.

必(かなら)ず、(やる)＿＿＿＿＿＿＿＿ならないことがあります。

2 間違(まちが)える 틀리다, 잘못 알다

📢 말해 보세요

① 비밀번호를 틀렸어요.

暗証番号(あんしょうばんごう)を＿＿＿＿＿＿＿＿＿＿。

② 수업 시간을 잘못 알아서 지각하고 말았어요.

授業時間(じゅぎょうじかん)を＿＿＿＿＿＿＿、遅刻(ちこく)してしまいました。

③ 자주 방향을 틀려요.

よく方向(ほうこう)を＿＿＿＿＿＿＿＿＿。

---

1. ❶出なければ ❷乗(の)らなければ ❸やらなければ
2. ❶間違えました ❷間違えて ❸間違えます

どう違_{ちが}いますか

어떻게 달라요?

どう違いますか(어떻게 달라요?)는 비슷한 것들의 차이점을 물어볼 때 쓸 수 있는 표현입니다. 何_{なに}が違いますか(뭐가 달라요?) 또는 違いは何_{なん}ですか(차이가 뭐예요?)라고 해도 같은 뜻입니다.

A 各駅_{かくえき}と快速_{かいそく}と、どう違_{ちが}いますか。

B 各駅_{かくえき}は一駅_{ひとえき}ずつぜんぶ停_とまるけど、
快速_{かいそく}は停_とまらない駅_{えき}もあるから早_{はや}いんです。

A 로컬 전철하고 쾌속 전철하고 어떻게 달라요?
B 로컬 전철은 한 역씩 다 정차하지만
쾌속 전철은 서지 않는 역도 있으니까 빨라요.

違(ちが)う 다르다 | 停(と)まる 멈추다, 서다 | 韓国人(かんこくじん) 한국인 |
カフェラッテ 카페라떼 | カフェオレ 카페오레 | 高(たか)い 비싸다, 높다 |
日曜日(にちようび) 일요일 | だめだ 안 되다 | 土曜日(どようび) 토요일

1 どう違いますか 어떻게 달라요?

何(なに)が違いますか　뭐가 달라요?　/　違いは何(なん)ですか　차이가 뭐예요?

📢 말해 보세요

① 한국 사람하고 일본 사람하고 어떻게 달라요?
韓国人と日本人と、＿＿＿＿＿＿＿＿＿＿＿＿＿＿＿。

② 전철하고 지하철하고 뭐가 달라요?
電車と地下鉄と、＿＿＿＿＿＿違いますか。

③ 카페라떼하고 카페오레하고 차이가 뭐예요?
カフェラッテとカフェオレと、＿＿＿＿＿は何ですか。

2 〜けど　〜지만, 〜한데

📢 말해 보세요

① 로컬 전철은 서지만, 쾌속 전철은 안 서요.
各駅は＿＿＿＿＿＿＿＿＿、快速は停まりません。

② 그 가게는 맛있지만, 비싸요.
あの店は＿＿＿＿＿＿＿＿＿、高いです。

③ 일요일은 안 되지만, 토요일은 괜찮아요.
日曜日は＿＿＿＿＿＿＿＿＿、土曜日は大丈夫です。

---

1. ❶ どう違いますか ❷ 何が ❸ 違い　2. ❶ 停(と)まるけど ❷ おいしいけど ❸ だめだけど

Day 021~030

- **Day 021** 時間はどれぐらいかかりますか
  시간은 얼마나 걸려요?

- **Day 022** 料金はいくらぐらいかかりますか
  요금은 얼마나 들어요?

- **Day 023** 何時出発の飛行機ですか
  몇 시에 출발하는 비행기예요?

- **Day 024** ここに行きたいですが 여기에 가고 싶은데요

- **Day 025** 道に迷った時は 길을 잃었을 때는

- **Day 026** ここから遠いですか 여기에서 멀어요?

- **Day 027** まっすぐ行ってください 곧장 가세요

- **Day 028** 渡らないでください 건너지 마세요

- **Day 029** 右に行くということですね
  오른쪽으로 가는 거군요

- **Day 030** そうすると見えるはずです 그러면 보일 거예요

時間はどれぐらいかかりますか

시간은 얼마나 걸려요?

'시간이 걸리다'는 時間がかかる입니다. 시간이 얼마나 걸리는지 물어볼 때는 どれぐらい(얼마나, 어느 정도)를 이용해서 時間はどれぐらいかかりますか라고 합니다. 자주 같이 쓰이는 〜から …まで(〜부터 …까지)도 세트로 알아 둡시다.

A ここから空港まで、
時間はどれぐらいかかりますか。

B 快速で1時間半ぐらいかかります。

A 여기에서 공항까지 시간은 얼마나 걸려요?
B 쾌속으로 1시간 반 정도 걸려요.

どれぐらい 얼마나 | **かかる** (시간, 비용이) 걸리다 | **新幹線**(しんかんせん) 신칸센 |
ホテル 호텔 | **近**(ちか)**い** 가깝다 | **晩**(ばん) 저녁, 밤 | **忙**(いそが)**しい** 바쁘다 |
そんなに 그렇게 | **〜しか** 〜밖에

1. 〜から …まで 〜에서(부터) …까지

말해 보세요

① 도쿄에서 오사카까지 신칸센으로 갔어요.

東京_____大阪まで、新幹線で行きました。

② 공항부터 호텔까지 가까워요?

空港からホテル_____近いですか。

③ 아침부터 저녁까지 바빴어요.

_____から_____まで忙しかったです。

2. かかる (시간이) 걸리다

말해 보세요

① 집에서 회사까지 얼마나 걸려요?

家から会社までどれぐらい_____。

② 그렇게 안 걸려요.

そんなに_____。

③ 걸어서 5분밖에 안 걸려요.

歩いて5分_____かかりません。

---

1. ❶から ❷まで ❸朝(あさ) / 晩(ばん)　2. ❶かかりますか ❷かかりません ❸しか

Day 022

□ MP3 듣기 ▶ □ 저자 강의 듣기 ▶ □ 복습하기

料金はいくらぐらいかかりますか
요금은 얼마나 들어요?

'시간이 걸리다', '비용이 들다'라고 할 때 동사 かかる를 사용하여 표현합니다. 하지만 질문을 할 때는 '얼마나'에 해당하는 표현에 차이가 있습니다. 시간의 경우엔 지난 시간에 공부한 것처럼 どれぐらいかかりますか, 비용의 경우엔 いくらぐらいかかりますか라고 합니다.

A 料金はいくらぐらいかかりますか。

B 電車によって違いますが、
   だいたい２,３千円ぐらいかかります。

A 요금은 얼마나 들어요?
B 전철에 따라서 다른데,
   대충 2, 3천 엔 정도 들어요.

料金(りょうきん) 요금 | いくらぐらい 얼마 정도 | ~によって ~에 따라 |
だいたい 대충, 대개 | 交通費(こうつうひ) 교통비 | けっこう 꽤, 상당히 |
費用(ひよう) 비용 | 値段(ねだん) 가격 | 物(もの) 물건 | 考(かんが)え方(かた) 사고방식 |
人(ひと) 사람 | メニュー 메뉴 | その日(ひ) 그날

1 かかる (비용이) 들다

どれぐらい (시간이) 얼마나 / いくらぐらい (비용이) 얼마나

📢 말해 보세요

① 교통비는 얼마나 들어요?

交通費は_____かかりますか。

② 꽤 많이 들어요.

けっこうたくさん_____。

③ 비용은 얼마 정도 들었어요?

費用はいくらぐらい_____。

2 〜によって違う 〜에 따라 다르다, 〜마다 다르다

📢 말해 보세요

① 가격은 물건에 따라 달라요.

値段は物_____違います。

② 사고방식은 사람마다 달라요.

考え方は_____によって違います。

③ 메뉴는 날마다 달라요.

メニューはその日によって_____。

---

1. ❶いくらぐらい ❷かかります ❸かかりましたか
2. ❶によって ❷人(ひと) ❸違います

Day 023

何時出発の飛行機ですか
몇 시에 출발하는 비행기예요?

'출발하다'는 出発する, '도착하다'는 到着する인데, 열차나 비행기 시간표에는 출발과 도착을 ~発와 ~着로 줄여 쓰는 경우가 많습니다. 그리고 '도착하다'라고 할 때는 到着する보다 같은 의미의 동사 着く를 더 많이 씁니다.

A 何時出発の飛行機ですか。

B ４時発の飛行機です。

A 何時に到着しますか。

B ６時半には着きます。

A 몇 시에 출발하는 비행기예요?
B 4시에 출발하는 비행기예요.
A 몇 시에 도착해요?
B 6시 반에는 도착해요.

出発(しゅっぱつ) 출발 | 飛行機(ひこうき) 비행기 | ~発(はつ) ~발, ~에(서) 출발 | 到着(とうちゃく)する 도착하다 | 着(つ)く 도착하다 | 遅(おく)れる 늦어지다

1 〜発の 〜에(서) 출발하는 〜着の 〜에(서) 도착하는

📢 말해 보세요

① 7시 10분에 출발하는 전철을 탔어요.

7時10分＿＿＿＿＿＿電車に乗りました。

② 9시, 나리타를 출발하는 비행기예요.

9時、成田＿＿＿＿＿＿飛行機です。

③ 4시에 도착하는 전철이 늦어지고 있습니다.

4時＿＿＿＿＿＿電車が遅れています。

2 〜に着く 〜에 도착하다

📢 말해 보세요

① 다음 전철이 먼저 도착해요.

次の電車が先に＿＿＿＿＿＿＿＿＿＿＿。

② 언제 도착했어요?

いつ＿＿＿＿＿＿＿＿＿＿＿。

③ 12시 반에 도착했어요.

12時半に＿＿＿＿＿＿＿＿＿＿＿。

---

1. ❶発の ❷発の ❸着の 2. ❶着きます ❷着きましたか ❸着きました

Day 024

ここに行きたいですが
여기에 가고 싶은데요

오늘 배울 표현은 지나가는 사람에게 길을 물어볼 때 할 수 있는 말입니다. 찾고 있는 장소 다음에 ~に行きたいですが를 붙여 주면 되지요. 회화에서는 ん을 넣어서 行きたいんですが라고 하기도 합니다.

A あのう、すみません。
ここに行きたいんですが、
道が分からなくて。

B すみません。私もよく分かりません。

A 저기요.
여기에 가고 싶은데요, 길을 몰라서…….
B 죄송합니다. 저도 잘 모르겠어요.

道(みち) 길 | **分**(わ)**かる** 알다, 이해하다 | **よく** 잘, 자주 | **店**(みせ) 가게 | **いっしょに** 같이 | **お嫁**(よめ)**に行**(い)**く** 시집을 가다 | **意味**(いみ) 의미 | **気持**(きも)**ち** 기분

1 〜に行きたいですが ~에 가고 싶은데요

〜ですけど라고 하는 경우도 많습니다.

📢 말해 보세요

① 이 가게에 가고 싶은데요…….

この＿＿＿＿＿＿＿＿＿＿＿行きたいですが…。

② 같이 가고 싶은데요…….

＿＿＿＿＿＿＿＿＿＿＿行きたいんですけど…。

③ 시집을 가고 싶은데요…….

お嫁に＿＿＿＿＿＿＿＿＿＿＿んですが…。

2 (〜が) 分かる (~을) 알다, 이해하다

부정형 分からない는 '모르다'라는 뜻입니다.

📢 말해 보세요

① 그 의미를 모르겠어요.

その＿＿＿＿＿＿＿＿＿＿＿分かりません。

② 그 기분은 잘 압니다.

その気持ちはよく＿＿＿＿＿＿＿＿＿＿＿。

③ 어떻게 해야 할지 모르겠어요.

どうすればいいか＿＿＿＿＿＿＿＿＿＿＿。

---

1. ❶店(みせ)に ❷いっしょに ❸行きたい 2. ❶意味(いみ)が ❷分かります ❸分かりません

Day 025

道に迷った時は
길을 잃었을 때는

'〜할 때', '〜하지 않을 때', '〜했을 때'와 같이 어떤 상황을 설명할 때는 〜時를 씁니다. 일본에서 길을 잃었을 때는 파출소에서 길을 물어보는 게 제일 안전하고 정확하다는 것도 참고로 알아 두세요.

A 日本で道に迷った時は、
駅前の交番で聞いてみてください。

B へえ、そうなんですね。

A 일본에서 길을 잃었을 때는 역 앞의 파출소에서 물어보세요.
B 아하, 그렇군요.

道(みち)に迷(まよ)う 길을 잃다, 헤매다 | 駅前(えきまえ) 역 앞 | 交番(こうばん) 파출소 | 買(か)い物(もの)をする 장을 보다, 쇼핑을 하다 | いつでも 언제든 | 初(はじ)めて 처음 | 会(あ)う 만나다 | 何(なん)でも 뭐든지 | 先生(せんせい) 선생님

1 ～時 ～ 때

동사 기본형 + 時 ～할 때 / ～ない時 ～하지 않을 때 / ～た時 ～했을 때

📢 말해 보세요

① 쇼핑을 할 때는 카드를 써요.

(買い物)_____時は、カードを使います。

② 이해가 안 될 때는 언제든 말해.

(分かる)_____時は、いつでも言ってね。

③ 처음 만났을 때 어땠어요?

初めて_____時、どうでしたか。

2 聞いてみる 물어보다

'묻다'와 '듣다' 둘 다 聞く 입니다.

📢 말해 보세요

① 뭐든지 물어보세요.

何でも_____。

② 선생님께 물어봤어요.

先生に_____。

③ 저 사람에게 물어봅시다.

あの人に_____。

---

1. ❶買い物をする ❷分からない ❸会(あ)った
2. ❶聞いてみてください ❷聞いてみました ❸聞いてみましょう

Day 026

ここから遠いですか

여기에서 멀어요?

목적지까지의 거리를 물어볼 때 쓰는 표현을 살펴보겠습니다. 거리를 나타내는 형용사 遠い(멀다), 近い(가깝다)는 꼭 암기해야겠죠? 그리고 이동수단을 표현하는 방법도 같이 공부해 둡시다.

A　あのう、すみません。
　　この店に行きたいんですけど…。

B　ああ、この店ですか。

A　ここから遠いですか。

B　いいえ、近いです。歩いて5分ぐらいです。

A　저기요.
　　이 가게에 가고 싶은데요…….
B　아, 이 가게요?
A　여기에서 멀어요?
B　아니요, 가까워요. 걸어서 5분 정도예요.

店(みせ) 가게 | 遠(とお)い 멀다 | 近(ちか)い 가깝다 | 歩(ある)く 걷다 | 距離(きょり) 거리 | バス 버스 | すぐ 바로, 곧

1 遠い 멀다　　近い 가깝다

말해 보세요

① 역에서 멀어요?

駅から＿＿＿＿＿＿＿＿＿＿＿＿＿。

② 그렇게 먼 곳은 아니에요.

そんなに＿＿＿＿＿＿＿＿＿ところではありません。

③ 가까운 거리에 있어요.

＿＿＿＿＿＿＿＿＿距離にあります。

2 歩いて ～ぐらい　걸어서 ~ 정도

歩いて 대신에 ～で로 교통수단을 표현할 수 있습니다.
電車(でんしゃ)で　전철로　/　タクシーで　택시로　/　バスで　버스로

말해 보세요

① 걸어서 10분 정도예요.

＿＿＿＿＿＿＿＿＿＿10分ぐらいです。

② 버스로 20분 정도 걸려요.

＿＿＿＿＿＿＿＿＿＿20分ぐらいかかります。

③ 걸어서 바로예요.

＿＿＿＿＿＿＿＿＿＿すぐです。

1. ❶遠いですか ❷遠い ❸近い　2. ❶歩いて ❷バスで ❸歩いて

Day 027

まっすぐ行ってください
곧장 가세요

일본어로 길을 설명할 때 꼭 기억하셔야 하는 표현이 두 가지 있습니다. '앞으로 똑바로 가세요', '직진하세요'라는 뜻의 まっすぐ行ってください와, 갈림길에서 오른쪽이나 왼쪽으로 가라고 말할 때 쓰는 ~に曲がってください입니다.

A この店までの行き方を教えてください。

B この道をまっすぐ行ってください。
そして、ひとつ目の信号を
右に曲がってください。

A 이 가게까지 가는 방법을 가르쳐 주세요.
B 이 길을 똑바로 가세요.
그리고 첫 번째 신호를 오른쪽으로 가세요.

行(い)き方(かた) 가는 법 | 教(おし)える 가르치다 | まっすぐ 곧장, 쭉 | そして 그리고 | ひとつ目(め) 첫 번째 | 信号(しんごう) 신호 | 右(みぎ) 오른쪽 | 曲(ま)がる 방향을 바꾸다 | やる 하다 | 漢字(かんじ) 한자 | 読(よ)む 읽다 | 作(つく)る 만들다 | 左(ひだり) 왼쪽 | 交差点(こうさてん) 교차점, 사거리

1

동사 ます형 + ～方   ～하는 방법

🔊 말해 보세요

❶ 하는 법을 가르쳐 주세요.

　<u>(やる)　　　　　　　</u>を教えてください。

❷ 이 한자의 읽는 법을 가르쳐 주세요.

　この漢字の読み方を<u>　　　　　　　　　　</u>。

❸ 만드는 법을 가르쳐 주세요.

　<u>(作る)　　　　　　　</u>を教えてください。

2

～に曲がってください ～쪽으로 도세요
まっすぐ行ってください 곧장[똑바로, 계속, 쭉] 가세요

🔊 말해 보세요

❶ 거기에서 왼쪽으로 도세요.

　そこを左に<u>　　　　　　　　　　　　　</u>。

❷ 사거리까지 곧장 가세요.

　交差点まで<u>　　　　　　　　　　　　　</u>。

❸ 신호를 오른쪽으로 돌아서 계속 가세요.

　信号を<u>　　　　　</u>曲がってまっすぐ行ってください。

---

1. ❶やり方 ❷教(おし)えてください ❸作り方
2. ❶曲がってください ❷まっすぐ行ってください ❸右(みぎ)に

Day 028

渡らないでください
건너지 마세요

~ないでください는 '~하지 마세요'라는 뜻으로, 주의를 주거나 행동을 금지할 때 사용하는 표현입니다. 동사의 부정형 뒤에 연결하면 됩니다.

A 横断歩道を渡って右に行くんですか。
B いいえ、横断歩道は渡らないでください。
渡らないで右に行ってください。

A 횡단보도를 건너서 오른쪽으로 가요?
B 아니요, 횡단보도는 건너지 마세요.
건너지 말고 오른쪽으로 가세요.

横断歩道(おうだんほどう) 횡단보도 | 渡(わた)る 건너다 | 言(い)う 말하다 |
心配(しんぱい)する 걱정하다 | 勝手(かって)に 마음대로 | 入(はい)る 들어가다 |
あきらめる 포기하다 | どこにも 아무 데도 | 頑張(がんば)る 힘내다, 열심히 하다 |
忘(わす)れる 잊다 | 持(も)ってくる 가지고 오다

1 〜ないでください 〜하지 마세요

📢 말해 보세요

① 아무에게도 말하지 마세요.

誰(だれ)にも (言(い)う)_____。

② 괜찮으니까 걱정하지 마세요.

大丈夫(だいじょうぶ)ですから、(心配(しんぱい)する)_____。

③ 마음대로 들어가지 마세요.

勝手(かって)に (入(はい)る)_____。

2 〜ないで 〜하지 말고

📢 말해 보세요

① 포기하지 말고 힘내세요.

(あきらめる)_____ 頑張(がんば)ってください。

② 아무 데도 가지 말고 여기 있으세요.

どこにも_____、ここにいてください。

③ 잊지 말고 가지고 오세요.

(忘(わす)れる)_____ 持(も)ってきてください。

---

1. ❶言わないでください ❷心配しないでください ❸入らないでください
2. ❶あきらめないで ❷行(い)かないで ❸忘れないで

Day 029

右_{みぎ}に行_いくということですね
오른쪽으로 가는 거군요

상대방의 설명을 듣고 자신이 이해한 것이 맞는지를 확인할 때 ~ということですね (~다는 거군요)를 붙입니다. 동사나 형용사 기본형 다음에 붙이기만 하면 됩니다.

A 交差点_{こうさてん}までまっすぐ行_いって、
交差点_{こうさてん}の横断歩道_{おうだんほどう}を渡_{わた}らないで
右_{みぎ}に行_いくということですね。
合_あっていますか。

B ええ、合_あっています。

A 사거리까지 곧장 가서
사거리 횡단보도를 건너지 않고 오른쪽으로 가는 거군요.
맞아요?

B 네, 맞아요.

合(あ)う 맞다 | **ルール** 룰, 규칙 | **決(き)まる** 정해지다 | **遅(おそ)い** 늦다 | **これ以上(いじょう)** 더 이상 | **だめだ** 안 되다 | **メアド** 메일주소 | **方向(ほうこう)** 방향 | **パスワード** 패스워드

1 〜ということですね ~다는 거군요

〜ということですね는 동사, 형용사 기본형 다음에 붙이면 돼요.

📢 말해 보세요

① 규칙이 정해져 있다는 거군요.

ルールが決（き）まっている_____。

② 이미 늦었다는 거군요.

もう_____ということですね。

③ 더 이상은 안 된다는 거군요.

これ以上（いじょう）は_____ということですね。

2 合（あ）っている 맞다

合う는 상태를 나타내기 때문에 〜ている로 표현할 때가 많습니다.

📢 말해 보세요

① 메일 주소는 이게 맞아요?

メアドはこれで_____。

② 방향은 맞아요.

方向（ほうこう）は_____。

③ 패스워드가 안 맞아요.

パスワードが_____。

---

1. ❶ ということですね ❷ 遅(おそ)い ❸ だめだ
2. ❶ 合っていますか ❷ 合っています ❸ 合っていません

そうすると見えるはずです
그러면 보일 거예요

길을 설명할 때 '~하면 …할 거예요'라는 말도 많이 쓰죠? 이 말은 ~と …はずです 라고 합니다. 사실 우리말 '~하면'에 해당하는 일본어는 ~たら, ~(れ)ば, ~と, ~なら 네 가지가 있지만, 그중 ~と는 이렇게 결과가 분명할 때 쓰는 표현입니다.

A そうすると、看板が見えるはずです。
　　ラーメン屋の隣がその店です。
　　看板が大きいから、分かりやすいですよ。
B はい、分かりました。ありがとうございます。

A 그러면 간판이 보일 거예요.
　 라면 가게 옆이 그 가게예요.
　 간판이 커서 알기 쉬워요.
B 네, 알았습니다. 감사해요.

看板(かんばん) 간판 | 見(み)える 보이다 | ラーメン屋(や) 라면 가게 | 隣(となり) 옆, 이웃 |
大(おお)きい 크다 | 出(で)る 나오다 | 銀行(ぎんこう) 은행 | コンビニ 편의점 |
実際(じっさい)に 실제로 | びっくりする 깜짝 놀라다 | スマートフォン 스마트폰 |
使(つか)う 사용하다 | 住(す)む 살다 | 説明(せつめい) 설명

1 〜と …はずです 〜하면 …할 거예요

〜と와 …はずです 앞에는 동사 기본형을 넣으면 돼요.

📢 말해 보세요

① 거기를 나오면 은행이 보일 거예요.

そこを ___(出る)___ 、銀行が見えるはずです。

② 왼쪽으로 돌면 편의점이 있을 거예요.

左に曲がると、コンビニが_____。

③ 실제로 보면 깜짝 놀랄 거예요.

実際に_____、びっくりするはずです。

2 동사 ます형 + 〜やすい 〜하기 쉽다

형용사 やすい는 '싸다'라는 의미이지만, 여기서는 그런 의미는 없어요.

📢 말해 보세요

① 스마트폰은 쓰기 편해요.

スマートフォンは_____です。

② 여기는 정말 살기 좋아요.

ここは本当に_____です。

③ 설명이 알기 쉬워요.

説明が___(分かる)___ です。

---

1. ❶ 出ると ❷ あるはずです ❸ 見(み)ると
2. ❶ 使いやすい ❷ 住(す)みやすい ❸ 分かりやすい

Day 031~040

- **Day 031** ご覧ください 구경하세요
- **Day 032** どんなバッグをお探しですか 어떤 가방을 찾으세요?
- **Day 033** このバッグはどうですか 이 가방은 어때요?
- **Day 034** よくないですか 좋지 않아요?
- **Day 035** シンプルな感じが好きです 심플한 느낌을 좋아해요
- **Day 036** もっと vs. もう少し 훨씬 더 vs. 조금 더
- **Day 037** ちょっと見せてください 좀 보여 주세요
- **Day 038** これにします 이것으로 할게요
- **Day 039** 返品や交換はできません 반품이나 교환은 안 됩니다
- **Day 040** レジ袋は要りません 쇼핑백은 필요 없어요

ご覧ください
구경하세요

ご覧くださいは 일본에서 쇼핑하실 때 반드시 듣게 되는 표현입니다. ご覧은 '보심', '구경하심'이라는 뜻으로, '보세요', '구경하세요'라고 할 때는 ご覧ください라고 합니다. 쇼핑을 할 때는 물론이고, 비즈니스 회화에서도 많이 나오는 표현이니까 꼭 알아 두세요.

A　いらっしゃいませ。
　　どうぞご覧ください。
　　何をお探しですか。

B　バッグを探しています。

A　어서 오세요.
　　구경하세요.
　　뭐 찾으세요?
B　가방을 찾고 있어요.

ご覧(らん) 보심, 구경하심 | **探**(さが)**す** 찾다 | **バッグ** 가방 | **ゆっくり** 천천히 |
動画(どうが) 동영상 | **説明書**(せつめいしょ) 설명서 | **仕事**(しごと) 일, 업무 |
財布(さいふ) 지갑

1 ご覧ください　보세요, 구경하세요

말해 보세요

① 천천히 구경하세요.
　_____ご覧ください。

② 그럼, 다음 동영상을 보세요.
　では、次の動画を_____。

③ 설명서를 보세요.
　説明書を_____。

2 探している　찾고 있다

말해 보세요

① 일을 찾고 있어요.
　仕事を_____。

② 지갑을 찾고 있어요.
　_____を探しています。

③ 찾고 있는 게 뭐예요?
　_____ものは何ですか。

---

1. ❶ゆっくり ❷ご覧ください ❸ご覧ください
2. ❶探しています ❷財布(さいふ) ❸探している

Day 032

どんなバッグをお探(さが)しですか

어떤 가방을 찾으세요?

~をお探しですか는 '~을 찾으세요?'라는 뜻의 정중한 표현입니다. 상점에서 물건을 구경할 때 점원이 손님에게 다가와 이렇게 물어볼 수 있겠죠. 자신이 원하는 상품을 설명할 때는 형용사 표현을 사용해 보세요.

A　どんなバッグをお探(さが)しですか。
　　大(おお)きいバッグですか。
　　それとも、小(ちい)さいバッグですか。

B　使(つか)いやすいものを探(さが)しています。

A　어떤 가방을 찾으세요?
　　큰 가방이요?
　　아니면 작은 가방이요?

B　쓰기 편한 것을 찾고 있어요.

どんな 어떤 | それとも 아니면, 그렇지 않으면 | 小(ちい)さい 작다 | 映画(えいが) 영화 | 洋服(ようふく) 옷 | 問題(もんだい) 문제 | おいしい 맛있다 | 紹介(しょうかい)する 소개하다 | おもしろい 재미있다 | 話(はなし) 이야기

1 どんな 어떤

📣 말해 보세요

① 어떤 영화를 좋아하세요?

　　_____映画がお好きですか。

② 어떤 옷을 찾으세요?

　　_____お洋服をお探しですか。

③ 어떤 문제가 있었어요?

　　どんな_____がありましたか。

2 (い형용사) 〜い + 명사 〜한 (명사)

い형용사 기본형 다음에 명사를 쓰면 됩니다.

📣 말해 보세요

① 맛있는 것을 먹고 싶어요.

　　_____ものが食べたいです。

② 좋은 사람을 소개해 주세요.

　　_____人を紹介してください。

③ 재미있는 이야기가 있어요.

　　_____話があります。

---

1. ❶どんな ❷どんな ❸問題(もんだい) 2. ❶おいしい ❷いい ❸おもしろい

このバッグはどうですか
이 가방은 어때요?

どうですか는 '어때요?'라는 뜻으로, 상대방의 생각이나 의견, 느낌 등을 물어볼 때 자주 쓰는 표현입니다. 쇼핑할 때도 많이 듣게 되는데요, 이때 자신의 의견을 부드럽게 얘기하려면 어떻게 말하는지 살펴봅시다.

A このバッグはどうですか。
　最近、人気ですよ。

B いいですけど、ちょっと小さいですね。

A 이 가방은 어때요?
　요즘 인기예요.
B 좋은데, 좀 작네요.

最近(さいきん) 최근 | **人気**(にんき) 인기 | **ちょっと** 좀 | **味**(あじ) 맛 | **明日**(あした) 내일 | **後**(あと)**で** 이따가, 나중에 | **一杯**(いっぱい) 한 잔 | **高**(たか)**い** 비싸다 | **部屋**(へや) 방 | **狭**(せま)**い** 좁다 | **派手**(はで)**だ** 화려하다

1. どうですか 어때요?

친한 사이에서는 짧게 どう? 라고 해요.

📢 말해 보세요

❶ 맛은 어때요?

　味(あじ)は_____。

❷ 내일은 어때요?

　_____はどうですか。

❸ 이따가 한 잔 어때?

　後(あと)で、一杯(いっぱい)_____?

2. ちょっと 〜ですね 좀 〜하네요

앞에 いいですけど(좋은데)를 붙이면 좀 더 자연스러워집니다.

📢 말해 보세요

❶ 좋은데, 좀 비싸네요.

　いいですけど、ちょっと_____。

❷ 좋은데, 방이 좀 좁네요.

　_____、部屋(へや)がちょっと狭(せま)いですね。

❸ 좋은데, 좀 화려하네요.

　いいですけど、ちょっと (派手(はで)だ)_____。

---

1. ❶ どうですか ❷ 明日(あした) ❸ どう
2. ❶ 高(たか)いですね ❷ いいですけど ❸ 派手ですね

Day 034

よくないですか
좋지 않아요?

悪_{わる}い(나쁘다)보다 부정형으로 よくない(좋지 않다)고 하는 것이 말의 뉘앙스가 조금 더 부드럽습니다. い형용사의 부정형이 회화 속에서 어떻게 사용되는지 살펴봅시다.

A これはいかがですか。よくないですか。

B いいですけど、
値段_{ねだん}が高_{たか}くないですか。

A 이건 어때요? 좋지 않아요?
B 좋은데, 가격이 비싸지 않아요?

よくない 좋지 않다 | **値段**(ねだん) 가격 | **味見**(あじみ) 맛을 봄, 시식 | **サイズ** 사이즈 |
都合(つごう) 상황, 스케줄 | **悪**(わる)**い** 나쁘다 | **遠**(とお)**い** 멀다 |
格好(かっこう)**いい** 멋있다

1 いかがですか 어떠십니까?, 어떠세요?

いかがですかは どうですかより もっと 丁重한 표현입니다.

📢 **말해 보세요**

① 시식은 어떠세요?

お味見は_____。
あじみ

② 사이즈는 어떠세요?

_____はいかがですか。

③ 스케줄은 어떠세요?

ご都合は_____。
つごう

2 (い형용사) 〜くない 〜하지 않다

いい(좋다)의 부정형은 よくない(좋지 않다)입니다.

📢 **말해 보세요**

① 그렇게 나쁘지 않아요.

そんなに_____。

② 여기에서 멀지 않은 곳이에요.

ここから_____ところです。

③ 그건 좀 멋있지 않네요.

それはちょっと(格好いい)_____。
かっこう

---

1. ❶いかがですか ❷サイズ ❸いかがですか
2. ❶悪(わる)くないです ❷遠(とお)くない ❸格好よくないです

Day 035

シンプルな感(かん)じが好(す)きです
심플한 느낌을 좋아해요

이번에는 な형용사와 그 부정형이 회화 속에서 어떻게 등장하는지 살펴봅시다.

A　どんな感(かん)じがお好(す)きですか。
B　シンプルな感(かん)じが好(す)きです。
　　あまり派手(はで)じゃない感(かん)じの…。

A　어떤 느낌을 좋아하세요?
B　심플한 느낌을 좋아해요.
　　별로 화려하지 않은 느낌의…….

感(かん)じ 느낌 | シンプルだ 심플하다 | あまり 별로, 그다지 | 静(しず)かだ 조용하다 |
場所(ばしょ) 장소 | 親切(しんせつ)だ 친절하다 | きれいだ 예쁘다, 깨끗하다 | 花(はな) 꽃 |
いっぱいだ 가득하다 | 有名(ゆうめい)だ 유명하다 | グループ 그룹 |
必要(ひつよう)だ 필요하다

1 (な형용사) 〜な + 명사 〜한 (명사)

な형용사는 뒤에 명사를 연결할 때 〜な의 형태가 됩니다.

📢 **말해 보세요**

① 조용한 장소예요.

_____場所(ばしょ)です。

② 정말 친절한 사람이네요.

本当(ほんとう)に_____人(ひと)ですね。

③ 예쁜 꽃이 가득해요.

_____花(はな)がいっぱいです。

2 (な형용사) 〜じゃない + 명사 〜하지 않은 (명사)

な형용사의 부정형은 명사의 부정형과 같답니다.

📢 **말해 보세요**

① 유명하지 않은 그룹이에요.

_____グループです。

② 깨끗하지 않은 방이에요.

_____部屋(へや)です。

③ 필요하지 않은 거예요.

_____ものです。

---

1. ❶ 静(しず)かな ❷ 親切(しんせつ)な ❸ きれいな
2. ❶ 有名(ゆうめい)じゃない ❷ きれいじゃない ❸ 必要(ひつよう)じゃない

Day 036

もっと vs. もう少(すこ)し
훨씬 더 vs. 조금 더

もっとと もう少しは 우리말 해석이 비슷할 때가 많아서 헷갈리기 쉬운데, もっとと는 차이가 클 때, もう少しと 차이가 작을 때 쓰는 표현으로 기억해 두시면 좋습니다.

A こちらはいかがですか。

B それよりもっと大(おお)きいのはないですか。

A これはどうですか。

B これよりはもう少(すこ)し小(ちい)さいのがいいですね。

A 이건 어떠세요?
B 그것보다 훨씬 더 큰 것은 없나요?
A 이건 어때요?
B 이것보다는 조금 더 작은 게 좋아요.

~より ~보다 | もっと 더, 더욱 | もう少(すこ)し 조금 더 | 寒(さむ)い 춥다 |
英語(えいご) 영어 | 難(むずか)しい 어렵다 | 歌(うた) 노래 | うまい 잘하다 |
ほしい 필요하다, 바라다 | 辛(から)い 맵다

1 〜よりもっと 〜보다 훨씬 더

📢 말해 보세요

❶ 오늘은 어제보다 훨씬 더 춥네요.
今日(きょう)は昨日(きのう)より＿＿＿＿＿＿＿寒(さむ)いですね。

❷ 영어는 일본어보다 훨씬 더 어려워요.
英語(えいご)は日本語(にほんご)＿＿＿＿＿＿＿もっと難(むずか)しいです。

❸ 노래는 그녀가 저보다 훨씬 더 잘해요.
歌(うた)は彼女(かのじょ)が私(わたし)より＿＿＿＿＿＿＿うまいです。

2 もう少(すこ)し 조금 더

📢 말해 보세요

❶ 술이 좀 더 필요해요.
お酒(さけ)が＿＿＿＿＿＿＿ほしいです。

❷ 약간 더 매워도 괜찮아.
＿＿＿＿＿＿＿辛(から)くても大丈夫(だいじょうぶ)。

❸ 앞으로 조금만 더 열심히 하자.
後(あと)、＿＿＿＿＿＿＿頑張(がんば)ろう。

---

1. ❶もっと ❷より ❸もっと   2. ❶もう少し ❷もう少し ❸もう少し

Day 037

ちょっと見せてください
좀 보여 주세요

점원에게 물건을 보여 달라고 할 때 ちょっと見せてください라고 하면 됩니다. 見せる는 '보이다'라는 뜻으로 見る(보다)와 구분해서 알아 두시고, 오늘은 상품의 특징을 열거할 때는 어떻게 말하는지 살펴봅시다.

A　そのバッグをちょっと見せてください。

B　このバッグですか。
　　これは軽くていいですよ。
　　いろいろ入って。

A 그 가방을 좀 보여 주세요.
B 이 가방이요?
　이것은 가볍고 좋아요.
　여러 가지 (많이) 들어가고요.

단어　見(み)せる 보이다 | 軽(かる)い 가볍다 | いろいろ 여러 가지 | 入(はい)る 들어가다 | パスポート 여권 | 入場券(にゅうじょうけん) 입장권 | 安(やす)い 싸다 | おいしい 맛있다 | かわいい 귀엽다, 예쁘다 | やさしい 상냥하다 | 背(せ)が高(たか)い 키가 크다 | イケメン 잘생긴 남자, 훈남

1 見せてください 보여 주세요

📢 말해 보세요

① 여권을 보여 주세요.

＿＿＿＿＿＿＿＿＿＿＿を見せてください。

② 입장권을 보여 주세요.

入場券を＿＿＿＿＿＿＿＿＿＿＿＿＿＿＿＿＿。

③ 메뉴를 보여 주세요.

メニューを＿＿＿＿＿＿＿＿＿＿＿＿＿＿＿。

2 (い형용사) 〜くて 〜하고

📢 말해 보세요

① 그 가게는 싸고 맛있어요.

その店は＿＿＿＿＿＿＿＿＿＿＿＿＿＿＿＿＿。

② 그녀는 귀엽고 상냥해요.

彼女は＿＿＿＿＿＿＿＿＿＿＿＿＿やさしいです。

③ 그는 키가 크고 훈남이에요.

彼は＿＿＿＿＿＿＿＿＿＿＿＿＿イケメンです。

---

1. ❶パスポート ❷見せてください ❸見せてください
2. ❶安(やす)くておいしいです ❷かわいくて ❸背(せ)が高(たか)くて

Day 038

これにします
이것으로 할게요

뭔가 결정을 했을 때 ~にします라고 합니다. 음식점에서 메뉴를 고를 때도 ~にします라고 말할 수 있죠. 인생은 선택의 연속이라고 하잖아요. 그러니까 이 표현이 일상 회화 중에 얼마나 많이 사용되는지 아시겠죠?

A これ、いいですね。

 これにします。これ、ください。

B はい、かしこまりました。

 ありがとうございます。

A 이거 좋네요.
 이것으로 할게요. 이거 주세요.
B 예, 알겠습니다.
 감사합니다.

コーヒー 커피 | **大盛**(おおも)**り** 곱빼기, 가득 담음 | **ぜんぶ** 전부, 다 |
お代(か)**わり** 한 그릇 더 | **お茶**(ちゃ) 녹차

1 〜にします 〜로 할게요, 〜로 하겠습니다

동사 ます형은 '〜합니다'라는 현재의 뜻과 함께 '〜하겠습니다'라는 미래의 뜻도 가지고 있습니다.

📢 **말해 보세요**

❶ 무엇으로 할래요?

　　_____にしますか。

❷ 커피로 할게요.

　　コーヒーに_____。

❸ 곱빼기로 했어요.

　　大(おお)盛(も)りに_____。

2 〜ください 〜 주세요

📢 **말해 보세요**

❶ 다 주세요.

　　_____ください。

❷ 한 그릇 더 주세요.

　　お代(か)わり_____。

❸ 녹차 주세요.

　　_____ください。

---

1. ❶何(なに) ❷します ❸しました 2. ❶ぜんぶ ❷ください ❸お茶(ちゃ)

Day 039

返品や交換はできません
반품이나 교환은 안 됩니다

이 말은 쇼핑 후에 계산할 때 듣게 되는 말입니다. 일본에서는 계산할 때 구입한 상품의 용도를 물어보는데, 선물용이라고 하면 특별히 포장을 해 주니까 꼭 한번 이용해 보세요. 동사 できる는 '되다', '할 수 있다'라는 의미로, 회화에서 많이 등장하니 꼭 알아 둡시다.

A これはセール商品なので、
返品や交換はできません。
ご了承ください。
ご自宅用ですか。プレゼント用ですか。

A 이것은 세일 상품이기 때문에 반품이나 교환은 안 됩니다.
양해해 주세요.
집에서 쓰실 거예요? 선물하실 거예요?

セール商品(しょうひん) 세일 상품 | **返品**(へんぴん) 반품 | **交換**(こうかん) 교환 |
了承(りょうしょう) 양해 | **自宅用**(じたくよう) 자택용, 집에서 쓰는 용도 | **プレゼント** 선물 |
スイカ 스이카(JR 교통카드) | **チャージ** 충전 | **バッテリー充電**(じゅうでん) 배터리 충전 |
外国人(がいこくじん) 외국인 | **暇**(ひま)だ 한가하다

1 できる 되다, 할 수 있다

🔊 **말해 보세요**

① 왜 안 돼요?

なぜ、_____。

② 스이카(JR 교통카드) 충전이 안 돼요.

スイカのチャージが_____。

③ 배터리 충전도 돼요.

バッテリー充電(じゅうでん)も_____。

2 〜ので 〜기 때문에 〈이유〉

명사와 な형용사에 연결할 때는 〜なので가 됩니다.

🔊 **말해 보세요**

① 외국인이기 때문에 그것은 무리예요.

_____、それは無理(むり)です。

② 아직 시간이 있기 때문에 괜찮아요.

まだ時間(じかん)が_____、大丈夫(だいじょうぶ)です。

③ 그날은 한가하기 때문에 괜찮아요.

その日(ひ)は(暇(ひま)だ)_____、大丈夫(だいじょうぶ)です。

---

1. ❶ できませんか ❷ できません ❸ できます
2. ❶ 外国人(がいこくじん)なので ❷ あるので ❸ 暇なので

Day 040

レジ袋は要りません
쇼핑백은 필요 없어요

오늘은 쇼핑 후 계산의 마지막 단계에서 반드시 등장하는 쇼핑백에 관한 대화를 살펴봅시다. 쇼핑백이 필요 없을 때는 いいです 또는 要りません이라고 합니다. 동사 要る는 '필요하다'라는 뜻의 1그룹 동사라는 것도 기억하세요.

A **レジ袋はご利用になりますか。**

B **はい、一枚だけください。**

A 쇼핑백은 이용하시겠어요?
B 네, 한 장만 주세요.

A **レジ袋はどうなさいますか。**

B **要りません。**

A 쇼핑백은 어떻게 하시겠어요?
B 필요 없어요.

レジ袋(ぶくろ) 쇼핑백 | **利用**(りよう) 이용 | **一枚**(いちまい) 한 장 | **なさる** 하시다 |
要(い)**る** 필요하다 | **無料**(むりょう) 무료 | **お金**(かね) 돈

1 〜だけ 〜만, ~뿐

말해 보세요

❶ 하나만 주세요.

ひとつ_____ください。

❷ 오늘만 무료예요.

_____だけ無料(むりょう)です。

❸ 저한테는 당신뿐이에요.

私(わたし)には_____です。

2 要(い)る 필요하다 〈1그룹 동사〉

부정형 要らない를 암기해 두면 2그룹 동사로 헷갈리지 않겠죠?

말해 보세요

❶ 돈은 필요 없어요.

_____は要(い)りません。

❷ 뭐가 필요해요?

何(なに)が_____。

❸ 아무것도 필요 없어요.

何(なん)にも_____。

---

1. ❶ だけ ❷ 今日(きょう) ❸ あなただけ　2. ❶ お金(かね) ❷ 要りますか ❸ 要りません

원어민 MP3와
저자 해설강의를 들어 보세요

Day 041~050

- **Day 041** かわいいでしょう 예쁘지요?
- **Day 042** 試着してみてもいいですか 입어 봐도 돼요?
- **Day 043** 9号というのは 9호라는 것은
- **Day 044** サイズはおいくつですか 사이즈는 얼마예요?
- **Day 045** ちょっと考えてみます 좀 생각해 볼게요
- **Day 046** 何名様ですか 몇 분이세요?
- **Day 047** どちらがよろしいですか 어느 쪽이 좋으세요?
- **Day 048** ご注文はお決まりですか 주문은 정하셨어요?
- **Day 049** お勧めは? 추천 메뉴는요?
- **Day 050** お待たせいたしました 오래 기다리셨습니다

かわいいでしょう

예쁘지요?

자신이 느끼는 것을 상대방도 그렇게 느낄 거라 생각하고 확인할 때 ～でしょう (~지요?)라고 물어볼 수 있습니다. 그리고 동의를 구하며 '그렇죠?'라고 할 때는 ねぇ！라고 합니다.

A これ、かわいい！

B ねぇ！かわいいでしょう。
今(いま)、売(う)れていますよ。
今年(ことし)の新作(しんさく)です。

A 이거 예쁘다!
B 그렇죠? 예쁘지요?
지금 잘 나가요.
올해 신상이에요.

かわいい 예쁘다, 귀엽다 | **売(う)れる** 팔리다 | **今年(ことし)** 올해 | **新作(しんさく)** 신작 | **店長(てんちょう)** 점장 | **あの人(ひと)** 저 사람 | **好(す)きだ** 좋아하다 | **女性(じょせい)** 여성 | **一番(いちばん)** 제일 | **ぜんぜん** 전혀

1 ～でしょう ～지요?

～でしょう를 명사, 형용사, 동사 뒤에 연결할 수 있습니다.

📣 말해 보세요

① 이거 맛있지요?

これ、_____。

② 점장은 저 사람이죠?

<ruby>店長<rt>てんちょう</rt></ruby>は_____。

③ 당신도 좋아하지요?

あなたも_____。

2 <ruby>売<rt>う</rt></ruby>れている 팔리고 있다, 잘 나가다

📣 말해 보세요

① 여자들에게 잘 나가요.

<ruby>女性<rt>じょせい</rt></ruby>に_____。

② 뭐가 제일 잘 나가요?

<ruby>何<rt>なに</rt></ruby>が<ruby>一番<rt>いちばん</rt></ruby>_____。

③ 전혀 안 나가요.

ぜんぜん_____。

---

1. ❶おいしいでしょう ❷あの人(ひと)でしょう ❸好(す)きでしょう
2. ❶売れています ❷売れていますか ❸売れていません

試着してみてもいいですか
입어 봐도 돼요?

~てみてもいいですか는 상대방의 허락을 구할 때 쓰는 ~てもいいですか의 응용 표현으로, 쇼핑을 할 때 많이 쓰게 돼요. 그리고 '입어 봐도 돼요?' 하고 물어볼 때는 '입다'라는 뜻의 동사 着る보다 試着する라는 동사를 더 많이 사용한답니다.

A 今年の流行りなんですよ。

B 試着してみてもいいですか。

A もちろんです。

A 올해 유행이에요.
B 입어 봐도 돼요?
A 물론이죠.

流行(はや)り 유행 | 試着(しちゃく)する 입어 보다 | もちろん 물론 | 入(はい)る 들어가다 |
飲(の)む 마시다 | 靴(くつ) 구두 | 履(は)く 신다 | 化粧品(けしょうひん) 화장품 |
試(ため)す 시도하다, 실제로 해 보다 | 開(あ)ける 열다

1 ～てもいいですか ～해도 돼요?

📢 말해 보세요

① 안에 들어가도 돼요?
中に (入る)＿＿＿＿＿＿いいですか。

② 술을 마셔도 돼요?
お酒を＿＿＿＿＿＿いいですか。

③ 좀 봐도 돼요?
ちょっと＿＿＿＿＿＿いいですか。

2 ～てみてもいいですか ～해 봐도 돼요?

📢 말해 보세요

① 이 구두, 신어 봐도 돼요?
この靴、(履く)＿＿＿＿＿＿みてもいいですか。

② 이 화장품, 써 봐도 돼요?
この化粧品、試して＿＿＿＿＿＿。

③ 선물을 열어 봐도 돼요?
プレゼントを(開ける)＿＿＿＿＿＿。

---

1. ❶入っても ❷飲(の)んでも ❸見(み)ても
2. ❶履いて ❷みてもいいですか ❸開けてみてもいいですか

Day 043

9号(きゅうごう)というのは
9호라는 것은

상대방의 말을 알아들었지만 의미를 이해할 수 없을 때나 반대로 상대방이 알고 싶은 것을 설명할 때 쓸 수 있는 표현이 바로 ～というのは(～라는 것은)입니다.

A サイズは9号(きゅうごう)で大丈夫(だいじょうぶ)ですか。

B 9号(きゅうごう)というのは？

A 9号(きゅうごう)はМ(エム)サイズです。М(エム)と同(おな)じサイズです。

B そうなんですね。

A 사이즈는 9호면 돼요?
B 9호 라는 건……?
A 9호는 M 사이즈예요. M하고 같은 사이즈예요.
B 그렇군요.

단어

～号(ごう) ～호 | アプリ 앱 | 結婚(けっこん)する 결혼하다 | キモイ 기분 나쁘다 | 意味(いみ) 의미 | 同(おな)じだ 같다 | いつも 언제나, 항상 | 考(かんが)え 생각

1 〜というのは ~라는 것은

명사, 형용사, 동사 표현 다음에 연결해 보세요.

📢 말해 보세요

❶ 앱이라는 게 뭐예요?

アプリ_____何(なん)ですか。

❷ 결혼한다는 게 사실이에요?

_____というのは本当(ほんとう)ですか。

❸ 키모이라는 것은 무슨 뜻이에요?

キモイ_____何(なん)の意味(いみ)ですか。

2 同(おな)じだ 같다

な형용사는 뒤에 명사가 오면 な형용사의 어미가 な로 바뀌는데, 同じだ는 명사를 수식할 때 な를 붙이지 않고「同じ+명사」의 형태가 됩니다.

📢 말해 보세요

❶ 언제나 같아요.

いつも_____。

❷ 같은 것이 아니에요.

_____ものじゃないです。

❸ 저도 같은 생각이에요.

私(わたし)も_____考(かんが)えです。

---

1. ❶というのは ❷結婚(けっこん)する ❸というのは   2. ❶同じです ❷同じ ❸同じ

Day 044

サイズはおいくつですか
사이즈는 얼마예요?

나라마다 사이즈에 관한 표현이 조금씩 달라서 곤란할 때가 있죠? 일본은 신발 사이즈의 경우 우리나라와 조금 다른데요, 가령 우리는 235라고 하는 것을 일본에서는 23.5라고 합니다. 사이즈가 몇이냐고 물어볼 때는 おいくつですか라고 합니다.

A　スニーカーがほしいですけど。

B　サイズはおいくつですか。

A　　にじゅうさんてんご
　　２３．５です。

A　운동화가 필요한데요.
B　사이즈가 몇이세요?
A　235요.

スニーカー 운동화 | **〜がほしい** 〜가 필요하다 | **いくつ** 몇, 얼마 | **彼女**(かのじょ) 여자 친구 | **ぜんぶで** 전부 해서 | **足**(た)**す** 더하다

1 ～がほしい ～가 필요하다, ～를 가지고 싶다

ほしい는 회화에서 정말 많이 쓰이는 표현이에요. ～がほしい의 형태로 꼭 알아 두세요.

말해 보세요

① 시간이 필요해.

時間が_____。

② 뭘 가지고 싶어요?

_____ほしいですか。

③ 여자 친구가 필요해요.

彼女_____。

2 いくつ 몇, 몇 개, 몇 살, 얼마

'몇 개'는 何個(なんこ), '몇 살'은 何歳(なんさい), '얼마'는 いくら라고도 합니다.

말해 보세요

① 전부 몇 개 있어요?

ぜんぶで_____ありますか。

② 나이가 어떻게 되세요? (몇 살이에요?)

お_____ですか。

③ 2 더하기 2는 얼마?

2足す2は_____?

---

1. ❶ほしい ❷何(なに)が ❸がほしいです   2. ❶いくつ ❷いくつ ❸いくつ

Day 045

ちょっと考えてみます
좀 생각해 볼게요

考えてみます는 상황에 따라서는 거절의 의미가 됩니다. 상대방이 기분 나쁘지 않게 일본 사람들은 이런 식의 표현을 쓰는데, 특히 비즈니스 회화 때는 오해가 생기기도 하니 주의할 필요가 있습니다.

A　どうですか。
　　デザインもおしゃれだし、かわいいし…。
B　いいですけど、イメージと違って…。
　　ちょっと考えてみます。

A　어떠세요?
　　디자인도 세련되고, 예쁘고…….
B　괜찮은데, 이미지하고 달라서…….
　　좀 생각해 볼게요.

デザイン 디자인 | **おしゃれだ** 세련되다 | **イメージ** 이미지 | **違(ちが)う** 다르다 | **考(かんが)える** 생각하다 | **駅(えき)** 역 | **交通(こうつう)** 교통 | **便利(べんり)だ** 편리하다 | **イケメンだ** 잘생기다, 훈남이다 | **性格(せいかく)** 성격 | **完璧(かんぺき)だ** 완벽하다 | **特(とく)に** 특별히 | **ネット** 인터넷 | **とりあえず** 일단, 우선 | **調(しら)べる** 알아보다

1 ～し …し ～하지 …하지, ～하고 …하고

～し 앞에 い형용사나 な형용사를 쓸 때는 기본형을 쓰면 됩니다.

📢 **말해 보세요**

❶ 역에서 가깝지 교통도 편리하지, 좋은 곳이에요.

駅から_____交通も便利だし、いいところです。

❷ 그는 잘생겼지 성격도 좋지, 완벽해요.

彼は(イケメンだ)_____性格もいいし、完璧ですよ。

❸ 특별히 할 것도 없고, 인터넷이나 할까?

特にやることも_____、ネットでもしようか。

2 ～てみます ～해 볼게요

📢 **말해 보세요**

❶ 일단 해 볼게요.

とりあえず、(やる)_____。

❷ 괜찮은지 어떤지 물어볼게요.

いいかどうか、_____。

❸ 좀 알아볼게요.

ちょっと(調べる)_____。

---

1. ❶ 近(ちか)いし ❷ イケメンだし ❸ ないし
2. ❶ やってみます ❷ 聞(き)いてみます ❸ 調べてみます

Day 046

何名様ですか
몇 분이세요?

何名様ですか는 何人ですか보다 정중한 표현으로, 보통 음식점에서 쓰는 표현이에요. 몇 명인지 대답할 때 '한 명'은 ひとり, '두 명'은 ふたり라고 하고, '세 명' 이상부터는 숫자 뒤에 ~人을 붙이면 됩니다.

A いらっしゃいませ。
　何名様ですか。

B 二人です。

A 少々お待ちください。

A 어서 오세요.
　몇 분이세요?
B 두 사람이요.
A 잠시만 기다리세요.

何名様(なんめいさま) 몇 분 | **少々**(しょうしょう) 조금, 약간 | **待**(ま)**つ** 기다리다 | **大人**(おとな) 어른 | **子供**(こども) 아이 | **しばらく** 잠깐, 일단 | **並**(なら)**ぶ** 줄 서다 | **塩**(しお) 소금 | **入**(い)**れる** 넣다

1 〜名様 〜분　　〜人 〜명

〜名様는 〜人의 정중한 표현이에요.

📢 **말해 보세요**

❶ 어른 세 명, 아이 한 명이요.

大人_____、子供_____です。

❷ 세 분, 이쪽으로 오세요.

_____、こちらへどうぞ。

❸ 전부 몇 명이에요?

ぜんぶで_____ですか。

2 少々お待ちください 잠시 기다려 주세요

少々는 '조금', '약간'이라는 뜻입니다.

❶ 잠깐 기다려 주십시오.

しばらく_____。

❷ 이쪽에 줄 서서 기다려 주세요.

こちらに並んで_____。

❸ 소금을 약간 넣어 주세요.

塩を_____入れてください。

---

1. ❶ 三人(さんにん) / 一人(ひとり) ❷ 三名様(さんめいさま) ❸ 何人(なんにん)
2. ❶ お待ちください ❷ お待ちください ❸ 少々

どちらがよろしいですか

어느 쪽이 좋으세요?

일본 음식점에 들어가면 금연석과 흡연석 중에 어느 쪽을 원하는지 물어보는 경우가 있습니다. 이때 禁煙席 또는 喫煙席라고 원하는 쪽을 말하면 되는데, '어느 쪽이든 상관없다'고 말할 때는 どちらでも構いませんol라고 하면 됩니다.

A おタバコは？
禁煙席と喫煙席、どちらがよろしいですか。

B どちらでも構いません。

A では、こちらへどうぞ。

A 담배는요?
금연석하고 흡연석 어느 쪽이 좋으세요?
B 아무 쪽이나 상관없어요.
A 그럼, 이쪽으로 오세요.

タバコ 담배 | **禁煙席**(きんえんせき) 금연석 | **喫煙席**(きつえんせき) 흡연석 | **どちらでも** 어느 쪽이든 | **構**(かま)**う** 상관하다 | **日**(ひ)**にち** 날짜

1 よろしいですか 좋으세요?, 괜찮으세요?

よろしいですか는 いいですか나 大丈夫(だいじょうぶ)ですか보다는 격식 있는 표현입니다.

📢 **말해 보세요**

① 이것으로 괜찮으세요?

これで_____。

② 정말 괜찮으십니까?

本当(ほんとう)に_____。

③ 날짜는 언제가 좋으십니까?

日(ひ)にちは_____がよろしいですか。

2 〜でも構(かま)いません 〜든지 상관없어요

何(なん)でも 뭐든지 / いつでも 언제든지 / いくらでも 얼마든지

📢 **말해 보세요**

① 뭐든지 상관없어요.

何(なん)でも_____。

② 언제든지 상관없어요.

_____構(かま)いません。

③ 얼마든지 상관없어요.

いくらでも_____。

---

1. ❶よろしいですか ❷よろしいですか ❸いつ 2. ❶構いません ❷いつでも ❸構いません

Day 048

ご注文はお決まりですか
주문은 정하셨어요?

음식점에서 자리에 앉으면 점원이 메뉴판을 주고 갑니다. 점원이 잠시 후에 다시 와서 ご注文はお決まりですか 하고 물어보죠. 주문할 때는 간단하게 ~ください라고 하면 됩니다. 이자카야에서는 보통 술을 먼저 주문하고 요리는 천천히 주문하곤 합니다.

A ご注文はお決まりですか。

B これとこれを、ひとつずつください。

A お飲み物は？

B 生ビールをふたつください。

A 주문하시겠습니까? (주문은 정하셨습니까?)
B 이거하고 이거 하나씩 주세요.
A 음료는요?
B 생맥주 두 개 주세요.

注文(ちゅうもん) 주문 | **決**(き)**まる** 결정되다 | **飲**(の)**み物**(もの) 마실 것, 음료 |
生(なま)**ビール** 생맥주 | **少**(すこ)**し** 조금 | **ひと箱**(はこ) 한 상자 | **~個**(こ) ~개 |
入(はい)**る** 들어가다 | **忘**(わす)**れ物**(もの) 잊은 물건, 분실물 | **自転車**(じてんしゃ) 자전거 |
乗(の)**る** 타다 | **乗**(の)**り物**(もの) 탈것

1. 수량 표현 + ～ずつ ～씩

말해 보세요

① 두 사람씩 줄 서세요.

　　_____並（なら）んでください。

② 조금씩 드세요.

　　_____食（た）べてください。

③ 한 상자에 10개씩 들어 있어요.

　　ひと箱（はこ）に(～個（こ）)_____入（はい）っています。

2. 동사 ます형 + ～物（もの） ～하는 것 〈명사형〉

飲み物는 '마시다'라는 뜻의 동사 飲む의 ます형 飲み에 物（もの）를 붙인 형태로, 이런 식으로 '～하는 것'이라는 뜻의 명사를 만들 수 있습니다.

말해 보세요

① 일본의 음식(먹는 것)

　　日本（にほん）の_____

② 잊은 것 없도록.

　　_____のないように。

③ 자전거는 타는 거예요.

　　自転車（じてんしゃ）は_____です。

---

1. ① 二人（ふたり）ずつ ② 少（すこ）しずつ ③ 10（じゅっ）個ずつ
2. ① 食（た）べ物 ② 忘（わす）れ物 ③ 乗（の）り物

お勧めは？
추천 메뉴는요?

일본어를 어느 정도 하는 사람도 음식 메뉴판을 보면 당황스러워 하는 경우가 많습니다. 요리의 재료나 조리법에 관한 표현들은 어느 나라 말이든 쉽지가 않죠. 어떤 메뉴가 좋을지 모르겠을 때는 お勧めは？ 하고 추천 메뉴를 물어보는 것도 좋은 방법입니다. 그리고 다른 것이 더 궁금할 때는 他には？ 라고 하면 됩니다.

A 何がおいしいですか。お勧めは？

B お刺身の盛り合わせはどうですか。

A 他には？

B 海鮮鍋もおいしいです。

A それがいいですね。

A 뭐가 맛있어요? 추천 메뉴는요?
B 모듬 생선회는 어떠세요?
A 그 밖에는요?
B 해물탕도 맛있습니다.
A 그게 좋겠네요.

お勧(すす)**め** 추천 | **お刺身**(さしみ) 생선회 | **盛**(も)**り合**(あ)**わせ** 모듬 | **他**(ほか)**に** 그 밖에 | **海鮮鍋**(かいせんなべ) 해물탕 | **シェフ** 셰프 | **場所**(ばしょ) 장소 | **映画**(えいが) 영화 | **いろいろ** 여러 가지 | **必要**(ひつよう)**だ** 필요하다

1 お勧め　추천

お勧めの　추천하는, ~할 만한

📢 **말해 보세요**

❶ 이것은 셰프 추천 메뉴예요.

これはシェフ_____です。

❷ 여기는 가 볼 만한 장소예요.

ここは_____の場所です。

❸ 이 영화는 볼 만해요.

この映画は_____です。

2 他に　그 밖에

📢 **말해 보세요**

❶ 그 밖에 뭐가 있어요?

_____何がありますか。

❷ 그 밖에도 여러 가지 있습니다.

_____いろいろあります。

❸ 그 밖에 필요한 것은 뭐예요?

_____必要なものは何ですか。

---

1. ❶お勧め ❷お勧め ❸お勧め　2. ❶他に ❷他にも ❸他に

Day 050

お待<small>ま</small>たせいたしました
오래 기다리셨습니다

주문한 음식이 나왔을 때 점원이 お待たせいたしました라고 합니다. 실제로 오래 기다리지 않았더라도 상용구처럼 하는 말입니다. 이 표현은 약속에 늦었다거나 상대방을 기다리게 했을 때도 사용할 수 있습니다. 그리고 ~でございます는 ~です의 낮춤말로 서비스업에서는 정말 많이 사용하는 표현입니다.

A　お待<small>ま</small>たせいたしました。
　　ご注文<small>ちゅうもん</small>の海鮮鍋<small>かいせんなべ</small>でございます。

B　おいしそう！

A　오래 기다리셨습니다.
　　주문하신 해물탕입니다.
B　맛있겠다!

待(ま)たせる 기다리게 하다 | **~そうだ** ~할 것 같다 | **これ以上(いじょう)** 더 이상 | **お客(きゃく)さん** 손님 | **娘(むすめ)** 딸 | **野菜(やさい)** 야채 | **国産(こくさん)** 국산 | **会計(かいけい)** 계산

1 待たせる 기다리게 하다

待たせる는 待つ(기다리다)의 사역형이에요.

📢 **말해 보세요**

① 기다리게 해서 미안해요.

_____ごめんなさい。

② 더 이상 기다리게 할 수는 없어요.

これ以上_____ことはできません。

③ 손님을 기다리게 하지 마세요.

お客さんを_____でね。

2 ～でございます ～입니다

우리말로는 차이가 없지만 ～でございます는 ～です의 낮춤말이에요.

📢 **말해 보세요**

① 저희 딸입니다.

うちの_____でございます。

② 야채는 국산입니다.

野菜は国産_____。

③ 계산은 이쪽입니다.

お会計はこちら_____。

---

1. ❶待たせて ❷待たせる ❸待たせない 2. ❶娘(むすめ) ❷でございます ❸でございます

Day 051~060

- **Day 051**　いただきます　잘 먹겠습니다
- **Day 052**　ごちそうさまでした　잘 먹었습니다
- **Day 053**　お持ち帰りですか　가져가실 거예요?
- **Day 054**　どちらになさいますか　어느 쪽으로 하시겠어요?
- **Day 055**　注文したのと違います　주문한 것하고 달라요
- **Day 056**　初めまして　처음 뵙겠습니다
- **Day 057**　お名前は?　성함이 (어떻게 되세요)?
- **Day 058**　韓国から来ました　한국에서 왔어요
- **Day 059**　銀行で働いています　은행에서 일하고 있습니다
- **Day 060**　千葉に住んでいます　치바에 살고 있어요

Day 051

いただきます
잘 먹겠습니다

일본 사람들은 식사를 하기 전에 반드시 いただきます라고 인사를 합니다. 그리고 점원이 '맛있게 드세요'라고 할 때는 ごゆっくりどうぞ라고 해요. 우리말을 직역해서 おいしく食べてください라고 하지 않는답니다.

A 鍋は熱いので、気を付けてください。

　　ごゆっくりどうぞ。

B いただきます。

A 냄비가 뜨거우니까 조심하세요.
　 맛있게 드세요.
B 잘 먹겠습니다.

鍋(なべ) 냄비 | 熱(あつ)い 뜨겁다 | 気(き)を付(つ)ける 조심하다 | ゆっくり 천천히 | いただく 받다, 먹다 | 話(はな)す 이야기하다 | ひとつずつ 하나씩 | ひとつだけ 하나만 | ちょうど 딱 맞게

1 ゆっくり 천천히

ごゆっくり는 ゆっくり보다 격식 있는 말로, 접객용 표현으로 많이 씁니다.

말해 보세요

① 천천히 말씀해 주세요.
　　_____話してください。

② 하나씩 천천히 합시다.
　　ひとつずつ_____やりましょう。

③ 여기서 천천히 쉬세요.
　　こちらでごゆっくり_____。

2 いただきます 잘 먹겠습니다

いただく는 원래 '받다'라는 의미로, いただきました는 '먹었습니다', '받았습니다'입니다.

말해 보세요

① 하나만 먹을게요.
　　ひとつだけ_____。

② 맛있게 먹었어요.
　　おいしく_____。

③ (현금 지불 시) 딱 만 엔 받았습니다.
　　10000円ちょうど_____。

---

1. ❶ ゆっくり ❷ ゆっくり ❸ どうぞ
2. ❶ いただきます ❷ いただきました ❸ いただきました

Day 052

ごちそうさまでした
잘 먹었습니다

앞에서 식사하기 전에는 いただきます라고 한다고 했죠? 그럼 식사를 마친 후에는 뭐라고 할까요? 집에서든 음식점에서든 식사가 끝나면 ごちそうさまでした라고 합니다. '음식을 준비하느라 수고하셨습니다'라는 의미인데, '잘 먹었습니다'라고 생각하시면 됩니다. 맛있었다고 말할 때는 おいしかったです라고 합니다.

A お会計、お願いします。

ごちそうさまでした。おいしかったです。

B それはよかったです。

またのご来店を、お待ちしております。

A 계산 부탁합니다.
잘 먹었습니다. 맛있었어요.
B 그거 다행이네요.
또 오시기를 기다리고 있겠습니다.

来店(らいてん) 가게를 방문함 | **今回**(こんかい) 이번 | **旅行**(りょこう) 여행 |
とても 매우, 아주 | **風邪**(かぜ) 감기 | **治**(なお)**る** 낫다 | **合格**(ごうかく)**する** 합격하다 |
タイムセール 타임 세일 | **全品**(ぜんぴん) 전 품목 | **半額**(はんがく) 반값 | **なる** 되다 |
楽(たの)**しみにする** 기대하다

① よかった　좋았다, 다행이다, 잘됐다

よかった는 いい의 과거형입니다. よかった는 회화에서 정말 많이 쓰는 말이니 꼭 기억해 두세요.

📣 말해 보세요

❶ 이번 여행은 너무 좋았어요.
今回(こんかい)の旅行(りょこう)はとても_____。

❷ 감기가 나아서 다행이네요.
風邪(かぜ)が治(なお)って_____ね。

❸ 잘됐다! 합격해서.
_____！合格(ごうかく)して。

② 〜ております　〜하고 있습니다

〜ております는 〜ています보다 더 정중한 표현이에요.

📣 말해 보세요

❶ 지금 타임 세일을 하고 있습니다.
今(いま)、タイムセールを(やる)_____おります。

❷ 전 품목이 반값이에요. (반값으로 되어 있어요)
全品半額(ぜんぴんはんがく)に_____おります。

❸ 그날을 기대하고 있습니다.
その日(ひ)を(楽(たの)しみにする)_____おります。

---

1. ❶ よかったです ❷ よかったです ❸ よかった　2. ❶ やって ❷ なって ❸ 楽しみにして

Day 053

お持ち帰りですか
가져가실 거예요?

お持ち帰りですか는 패스트푸드점에서 주문할 때 반드시 듣게 되는 말입니다. お持ち帰り는 '가져가심'이라는 뜻인데, 즉 포장을 원하는지 물어보는 표현이죠. 매장에서 직접 먹을 건지를 물어볼 때는 '드시다'라는 뜻의 召し上がる를 사용해 お召し上がりですか라고 합니다.

A 次の方、どうぞ。

B チーズバーガーセットください。

A 店内でお召し上がりですか。

お持ち帰りですか。

B ここで食べます。

A 다음 분 주문하세요.
B 치즈 버거 세트 주세요.
A 매장에서 드실 거예요? 가져가실 거예요?
B 여기서 먹을 거예요.

方(かた) 분, 사람 | **チーズバーガーセット** 치즈 버거 세트 | **店内**(てんない) 가게 안 | **召**(め)**し上**(あ)**がる** 드시다 | **持**(も)**ち帰**(かえ)**る** (집에) 가져가다 | **一口**(ひとくち) 한입 | **ゴミ** 쓰레기

1 召し上がる 드시다

🔊 **말해 보세요**

① 여기에서 드실 거예요?

こちらでお_____ですか。

② 어서 드세요.

どうぞ_____ください。

③ 한입이라도 드세요.

一口(ひとくち)でも_____。

2 持ち帰る 가지고 가다, 가져가다

🔊 **말해 보세요**

① 집에 가지고 갈 거예요.

家(うち)に_____ます。

② 다 가지고 가고 싶어요.

ぜんぶ_____たいです。

③ 쓰레기는 가지고 가세요.

ゴミは_____ください。

---

1. ❶召し上がり ❷召し上がって ❸召し上がってください
2. ❶持ち帰り ❷持ち帰り ❸持ち帰って

Day 054

どちらになさいますか
어느 쪽으로 하시겠어요?

오늘은 커피숍에서 주문할 때의 대화를 살펴보겠습니다. どちらになさいますか는 '어느 쪽으로 하시겠습니까?'라는 뜻으로, どちらにしますか를 보다 정중하게 표현한 것입니다. なさる는 する의 존경어입니다.

A コーヒーください。

B ホットとアイス、どちらになさいますか。

A ホットにします。

B お砂糖とミルクは、ご利用になりますか。

A いいえ、けっこうです。

A 커피 주세요.
B 뜨거운 커피랑 아이스 커피, 어느 쪽으로 하시겠어요?
A 뜨거운 커피로 할게요.
B 설탕이랑 크림은 사용하시겠어요?
A 아니요, 괜찮아요.

ホット 핫 | アイス 아이스 | なさる 하시다 | 砂糖(さとう) 설탕 | ミルク 밀크, 크림 |
利用(りよう) 이용 | けっこうだ 됐다, 필요 없다 | 大事(だいじ)だ 소중하다 |
追加(ついか) 추가 | 言(い)い訳(わけ) 변명 | おつり 거스름돈

1 なさる 하시다

なさる의 ます형은 なさります가 아니라 なさいます입니다.

말해 보세요

① 어떻게 하시겠습니까?

　　　　　　　　なさいますか。

② 음료는 뭐로 하시겠습니까?

　お飲み物は何に　　　　　　　　　　。

③ (아픈 사람에게) 빨리 나으세요.

　お大事に　　　　　　　　ください。

2 けっこうです 됐어요, 필요 없어요

말해 보세요

① 추가는 됐습니다.

　　　　　　　　はけっこうです。

② 변명은 필요 없어요.

　言い訳は　　　　　　　　　　。

③ 거스름돈은 됐어요.

　　　　　　　　はけっこうです。

---

1. ❶どう ❷なさいますか ❸なさって　2. ❶追加(ついか) ❷けっこうです ❸おつり

Day 055

注文したのと違います
주문한 것하고 달라요

음식점에서 주문한 것과 다른 음식이 나왔을 때 어떻게 말하는지 대화 속에서 살펴봅시다.

A これ、注文したのと違います。
　 私は味噌ラーメンを頼んだんですが…。

B 大変、失礼しました。
　 さっそく作り直します。

A 이거, 주문한 거랑 달라요.
　 저는 된장 라면을 시켰는데요…….
B 대단히 죄송하게 됐습니다.
　 바로 다시 만들어 드리겠습니다.

味噌(みそ)ラーメン 된장 라면 | 頼(たの)む 부탁하다 | さっそく 바로 | 作(つく)る 만들다 |
直(なお)す 고치다, 다시 ~하다 | 以前(いぜん) 예전에 | 条件(じょうけん) 조건 |
聞(き)く 듣다 | デザイン 디자인 | 思(おも)う 생각하다 | もう一度(いちど) 다시 한번 |
考(かんが)える 생각하다 | 今回(こんかい) 이번

1. 〜たのと違います　〜한 것과 달라요

동사 과거형에 연결해 보세요.

📢 말해 보세요

① 맛이 전에 먹은 것하고 달라요.

　　味が以前食べたのと＿＿＿＿＿＿＿＿＿＿＿＿＿。

② 조건이 들은 것하고 달라요.

　　条件が＿＿＿＿＿＿＿＿＿＿＿違います。

③ 디자인이 생각한 것하고 달라요.

　　デザインが(思う)＿＿＿＿＿＿＿＿＿＿＿＿＿。

2. 동사 ます형 + 〜直す　다시 〜하다

📢 말해 보세요

① 바로 다시 하겠습니다.

　　さっそく(やる)＿＿＿＿＿＿＿＿＿＿＿＿＿。

② 다시 한 번 재고해 주세요.

　　もう一度(考える)＿＿＿＿＿＿＿＿＿＿＿＿ください。

③ 이번에 그를 다시 봤어요.

　　今回、彼を＿＿＿＿＿＿＿＿＿＿＿＿＿。

---

1. ❶違います ❷聞(き)いたのと ❸思ったのと違います
2. ❶やり直します ❷考え直して ❸見(み)直しました

□MP3 듣기 ▶ □저자 강의 듣기 ▶ □복습하기

初_{はじ}めまして
처음 뵙겠습니다

처음 만난 사람에게 자신을 소개할 때의 대화는 다음과 같이 거의 정해져 있습니다.
1. 初めまして 처음 뵙겠습니다
2. 〜と申します 〜라고 합니다(이름 말하기)
3. (どうぞ)よろしくお願いします 잘 부탁드립니다

A 初_{はじ}めまして。パクと申_{もう}します。
どうぞ、よろしくお願_{ねが}いします。

B 初_{はじ}めまして。鈴木_{すずき}です。
よろしくお願_{ねが}いします。

A 처음 뵙겠습니다. 박이라고 합니다.
잘 부탁드립니다.
B 처음 뵙겠습니다. 스즈키예요.
잘 부탁드려요.

申(もう)す 말씀드리다 | **よろしく** 잘 | **願(ねが)う** 부탁하다 | **今年(ことし)** 올해 | **ひとつだけ** 하나만

1　(私は) 〜と申します　(저는) 〜라고 합니다

일본 사람들은 대화 중에 서로 아는 사실은 생략하기 때문에 자기소개를 할 때 私は(저는)나 私の名前(なまえ)は(제 이름은)는 생략하는 것이 더 자연스럽습니다.

말해 보세요

❶ 처음 뵙겠습니다. 김민우라고 합니다.

初(はじ)めまして。キム・ミヌ_____。

❷ 처음 뵙겠습니다. 사이토라고 해요.

初(はじ)めまして。斉藤(さいとう)_____。

❸ 처음 뵙겠습니다. 이소연이라고 합니다.

_____。イ・ソヨンと申(もう)します。

2　よろしくお願(ねが)いします　잘 부탁드립니다

말해 보세요

❶ 오늘도 잘 부탁해요.

今日(きょう)も_____。

❷ 올해도 잘 부탁해요.

今年(ことし)も_____お願(ねが)いします。

❸ 하나만 부탁할게요.

ひとつだけ_____。

---

1. ❶と申します　❷と申します　❸初(はじ)めまして
2. ❶よろしくお願いします　❷よろしく　❸お願いします

Day 057

お名前は？
성함이 (어떻게 되세요)?

상대방의 이름을 물어볼 때는 간단하게 お名前は？라고 하면 됩니다. 뒤에 何ですか (무엇입니까?)가 생략된 형태입니다. 이름뿐 아니라 나이나 직업을 물어볼 때도 간단하게 「お + 명사 + は？」의 형태로 질문할 수 있습니다.

A　お名前は？

B　キム・ユリです。
　　名字はキムで、名前はユリです。

A　성함이 (어떻게 되세요)?
B　김유리입니다.
　　성은 김이고, 이름은 유리예요.

名前(なまえ) 이름 | 名字(みょうじ) 성 | 仕事(しごと) 일, 업무 | 住(す)まい 사는 곳 |
家族(かぞく) 가족 | 職業(しょくぎょう) 직업 | 会社員(かいしゃいん) 회사원 |
趣味(しゅみ) 취미 | スポーツ 스포츠 | 父(ちち) 아버지 | 母(はは) 어머니 | 上(うえ) 위 |
高校生(こうこうせい) 고등학생 | 下(した) 아래 | 小学生(しょうがくせい) 초등학생

1 お/ご + 명사 + は ? ~은 (어떻게 되세요)?

명사 앞에 お나 ご를 붙이면 상대방에 대한 예의를 나타내는 정중한 표현이 됩니다. 보통 일본식 한자에는 お를, 중국에서 온 한자에는 ご를 붙이는 경향이 있습니다.

📢 말해 보세요

① 직업이(하시는 일이) 어떻게 되세요?

お_____は?

② 댁은(사는 곳은) 어디세요?

お_____は?

③ 가족이 어떻게 되세요?

ご_____は?

2 ~で …です ~이고 …입니다

📢 말해 보세요

① 직업은 회사원이고, 취미는 스포츠예요.

職業(しょくぎょう)は_____、趣味(しゅみ)はスポーツです。

② 아버지는 한국 사람이고, 어머니는 일본 사람이에요.

父(ちち)は_____、母(はは)は日本人(にほんじん)です。

③ 큰 아이가 고등학생이고, 작은 아이는 초등학생이에요.

上(うえ)の子(こ)が_____、下(した)の子(こ)は小学生(しょうがくせい)です。

---

1. ❶ 仕事(しごと) ❷ 住(す)まい ❸ 家族(かぞく)
2. ❶ 会社員(かいしゃいん)で ❷ 韓国人(かんこくじん)で ❸ 高校生(こうこうせい)で

Day 058

韓国(かんこく)から来(き)ました
한국에서 왔어요

상대방의 국적을 물어볼 때 国籍(こくせき)は何(なん)ですか보다는 お国(くに)は? 라고 말합니다. 대답할 때는 ~から来ました(~에서 왔어요) 또는 ~人(じん)です(~ 나라 사람입니다)라고 합니다.

A お国(くに)は？

B 韓国(かんこく)から来(き)ました。

 私(わたし)は韓国人(かんこくじん)です。

 韓国(かんこく)のソウル出身(しゅっしん)です。

A 나라는 (어떻게 되세요)?
B 한국에서 왔어요.
 저는 한국 사람입니다.
 한국의 서울 출신입니다.

国(くに) 나라 | **ソウル** 서울 | **出身**(しゅっしん) 출신 | **イギリス** 영국 | **中国**(ちゅうごく) 중국 | **フランス** 프랑스 | **関係**(かんけい)**ない** 관계 없다

1 〜から来ました 〜에서 왔어요 〈국적〉

나라명 뒤에 人(じん)을 붙이면 그 나라 사람을 뜻합니다.

말해 보세요

① 영국에서 왔어요. 영국 사람이에요.

イギリスから_____。イギリス人です。

② 중국에서 왔어요. 중국 사람이에요.

_____来ました。中国人です。

③ 프랑스에서 왔어요. 프랑스 사람이에요.

フランスから来ました。_____。

2 〜出身 〜 출신

말해 보세요

① 그는 어디 출신이에요?

彼はどこの_____。

② 저 사람은 오사카 출신이에요.

あの人は大阪_____。

③ 출신은 관계 없어요.

_____は関係ないです。

---

1. ❶来ました ❷中国(ちゅうごく)から ❸フランス人です
2. ❶出身ですか ❷出身です ❸出身

Day 059

銀行で働いています
은행에서 일하고 있습니다

직업을 물어볼 때도 간단하게 お仕事は?라고 하면 됩니다. '~에서 일한다'고 대답할 때는 ~で働いていますと라고 합니다. 일본어에서는 현재의 상황을 나타낼 때 꼭 ~ている를 사용한답니다.

A お仕事は?

B 銀行員です。
銀行で働いています。

A 직업은 (어떻게 되세요)?
B 은행원입니다.
은행에서 일하고 있어요.

銀行員(ぎんこういん) 은행원 | **働**(はたら)**く** 일하다 | **病院**(びょういん) 병원 |
場所(ばしょ) 장소 | **友達**(ともだち) 친구 | **待**(ま)**つ** 기다리다 | **生**(い)**きる** 살다

1 (〜で) 働(はたら)いている　(〜에서) 일하고 있다

働く 앞에 조사 で를 쓴다는 것에 주의하세요.

📢 말해 보세요

❶ 병원에서 일하고 있습니다.
　　病院(びょういん)で_____。

❷ 어디에서 일해요?
　　_____働(はたら)いていますか。

❸ 일하는 곳은 어디예요?
　　_____場所(ばしょ)はどこですか。

2 〜ています　〜하고 있습니다 〈진행, 상태〉

📢 말해 보세요

❶ 친구를 기다리고 있어요.
　　友達(ともだち)を_____います。

❷ 여기서 지금 뭐 하고 있어요?
　　ここで今(いま)、何(なに)をして_____。

❸ 아직 살아 있어요.
　　まだ生(い)きて_____。

---

1. ❶働いています ❷どこで ❸働いている　2. ❶待(ま)って ❷いますか ❸います

千葉に住んでいます
치바에 살고 있어요

우리말 '살다'에 해당하는 일본어 표현은 세 가지가 있습니다.
住む 거주하다 / 暮らす 생활하다 / 生きる 생존하다
어떤 지역에 산다고 말할 때는 住む를 써서 ～に住んでいます라고 말합니다.

A お住まいは？

B 千葉です。千葉に住んでいます。

A 一人暮らしですか。

B はい、一人で暮らしています。

A 댁은요?
B 치바요. 치바에 살고 있어요.
A 혼자 사세요?
B 네, 혼자서 살고 있어요.

住(す)まい 사는 곳 | ～に住(す)む ～에 거주하다 | 一人(ひとり)暮(ぐ)らし 독신 생활 |
～で暮(く)らす ～에서 생활하다 | 街(まち) 동네, 거리 | 田舎(いなか) 시골 |
幸(しあわ)せだ 행복하다 | 両親(りょうしん) 부모님

1 (〜に) 住む (~에) 살다, 거주하다

📢 말해 보세요

❶ 어디에 살아요?

_____住んでいますか。

❷ 요코하마에 살아요.

横浜に_____。

❸ 여기는 살고 싶은 동네예요.

ここは_____街です。

2 (〜で) 暮らす (~에서) 살다, 생활하다

'~에서 살다'라고 할 때는 暮らす 앞에 조사 で를 씁니다.

📢 말해 보세요

❶ 시골에서 살고 싶어요.

_____暮らしたいです。

❷ 행복하게 살고 있어요.

幸せに_____。

❸ 부모님하고 같이 살아요?

両親といっしょに_____。

---

1. ❶ どこに ❷ 住んでいます ❸ 住みたい
2. ❶ 田舎(いなか)で ❷ 暮らしています ❸ 暮らしていますか

Day 061~070

- **Day 061** 日本は長いですか 일본에 온 지 오래됐나요?
- **Day 062** 日本語がお上手ですね 일본어를 잘하시네요
- **Day 063** まだまだです 아직 멀었어요
- **Day 064** 何がお好きですか 무엇을 좋아하세요?
- **Day 065** 食べるのが好きです 먹는 것을 좋아해요
- **Day 066** 何が一番好きですか 뭘 제일 좋아해요?
- **Day 067** 嫌いなものは？ 싫어하는 것은?
- **Day 068** なぜ嫌いですか 왜 싫어해요?
- **Day 069** 付き合っている人はいますか 사귀고 있는 사람은 있어요?
- **Day 070** どんな人が好きですか 어떤 사람을 좋아해요?

Day 061

日本は長いですか
일본에 온 지 오래됐나요?

長いは '길다'라는 뜻인데, '오래되다'라는 뜻으로도 쓰입니다. 그리고 '얼마 안 되었다'라고 할 때는 そんなに長くない라고 하고, 보다 구체적으로 '~한 지 (얼마나) 되다'라고 할 때는「~てから + 시간 표현 + 経つ」로 표현합니다.

A 日本は長いですか。

B いいえ、そんなに長くないです。
来てから２年経ちました。

A 일본은 (온 지) 오래됐나요?
B 아니요, 그렇게 오래되지 않았습니다.
온 지 2년 됐어요.

長(なが)い 길다, 오래되다 | **経(た)つ** 경과하다, 지나다 | **大変(たいへん)だ** 힘들다 |
おかしい 이상하다 | **卒業(そつぎょう)する** 졸업하다 | **別(わか)れる** 헤어지다 |
出発(しゅっぱつ)する 출발하다

1 そんなに ～ない 그렇게 ～ 않다

ない 앞에 い형용사가 올 때는 ～くない, な형용사가 올 때는 ～ではない나 ～じゃない 가 됩니다.

📣 말해 보세요

① 그렇게 어렵지 않아요.

そんなに_____。

② 그렇게 힘들지 않아요.

そんなに_____ではないです。

③ 그렇게 이상하지 않아요.

そんなに_____。

2 ～てから … 経(た)つ ～한 지 … 되다(지나다)

📣 말해 보세요

① 졸업한 지 10년 됐어요.

_____**10年(じゅうねん)経(た)ちました。**

② 헤어진 지 3년 됐어요.

別(わか)れてから3年(さんねん)_____。

③ 출발한 지 몇 분 됐어요?

出発(しゅっぱつ)してから_____経(た)ちましたか。

---

1. ❶ 難(むずか)しくないです ❷ 大変(たいへん) ❸ おかしくないです
2. ❶ 卒業(そつぎょう)してから ❷ 経ちました ❸ 何分(なんぷん)

Day 062

日本語がお上手ですね
일본어를 잘하시네요

상대방이 잘하는 것에 대해 칭찬할 때는 上手だ를 사용해서 ~がお上手ですね라고 합니다. 그리고 칭찬을 받았을 때는 겸손하게 そんなことないです(그렇지 않아요)라고 대답합니다.

A 日本語がお上手ですね。

B いいえ、そんなことないです。
上手じゃありません。

A 일본어를 잘하시네요.
B 아니에요, 그렇지 않아요.
잘 못해요.

そんな 그런 | **奥(おく)さん** 사모님 | **運転(うんてん)** 운전 | **格好(かっこう)いい** 멋있다 | **だめだ** 안 되다

1 〜が上手だ 〜를 잘하다

'〜를 잘한다'고 할 때 上手だ 앞에 조사 を를 쓰지 않도록 주의하세요.

말해 보세요

① 노래를 잘하네요.
歌が_____。

② 사모님은 요리를 잘하시네요.
奥さんは_____お上手ですね。

③ 운전을 잘하네요.
運転が_____。

2 そんなことないです 그렇지 않아요

말해 보세요

① A 멋있네요.　　格好いいですね。
　 B 그렇지 않아요. _____。

② A 저는 안 되겠죠?　私、だめですよね。
　 B 그렇지 않아요. _____。

③ A 사모님이 예쁘시네요.　奥さん、おきれいですね。
　 B 그렇지 않아요. _____。

---

1. ❶ 上手ですね ❷ 料理(りょうり)が ❸ 上手ですね
2. ❶ そんなんことないです ❷ そんなことないです ❸ そんなことないです

□ MP3 듣기 ▶ □ 저자 강의 듣기 ▶ □ 복습하기

まだまだです
아직 멀었어요

'아직 멀었다'고 할 때는 まだ(아직)를 강조해서 まだまだです라고 합니다. 우리말 그대로 まだ遠(とお)いです라고 하지 않도록 주의하세요. まだまだです는 앞에서 공부한 そんなことないです와 함께 칭찬을 받았을 때 써도 좋습니다.

A 日本(にほん)の生活(せいかつ)には慣(な)れましたか。

B ええ、だいぶ慣(な)れました。

A 일본 생활에는 적응됐나요?
B 네, 많이 적응됐어요.

A 日本(にほん)の生活(せいかつ)には慣(な)れましたか。

B いいえ、まだまだです。

A 일본 생활에는 적응됐나요?
B 아니요, 아직 멀었어요.

生活(せいかつ) 생활 | **慣(な)れる** 익숙해지다, 적응하다 | **だいぶ** 꽤, 많이 | **まだ** 아직 | **なかなか** 좀처럼 | **時間(じかん)が経(た)つ** 시간이 지나다 | **ぜんぶ** 전부, 다 | **もうすぐ** 이제 곧

1 慣れる 적응되다, 익숙해지다

📢 말해 보세요

① 회사에는 적응됐어요?

_____には慣れましたか。

② 좀처럼 적응이 안 되네요.

なかなか_____ね。

③ 시간이 지나면 익숙해져요.

時間が経てば_____よ。

2 まだまだです 아직 멀었어요

📢 말해 보세요

① A 일본어를 잘하시네요.　日本語がお上手ですね。

　 B 아뇨, 아직 멀었어요.　いいえ、_____。

② A 다 끝났어요?　ぜんぶ終わりましたか。

　 B 아뇨, 아직 안 끝났어요.　いいえ、_____終わっていません。

③ A 이제 다 왔죠?　もうすぐでしょう。

　 B 아뇨, 아직 멀었어요.　いいえ、_____。

---

1. ❶会社(かいしゃ) ❷慣れません ❸慣れます　2. ❶まだまだです ❷まだ ❸まだまだです

何^{なに}がお好^すきですか

무엇을 좋아하세요?

누군가와 친해지고 싶을 때 제일 궁금한 건 아마 그 사람이 무엇을 좋아하는지가 아닐까요? 대화 속에서 취미를 묻고 답하는 표현을 살펴보세요. お好きですか는 好きですか보다 좀 더 정중한 표현입니다.

A ご趣味は？何がお好きですか。

B 趣味は料理です。料理が好きです。

A 취미는요? 무엇을 좋아하세요?
B 취미는 요리예요. 요리를 좋아해요.

A 好きなものは何ですか。

B 好きなものは料理です。

A 좋아하는 것은 뭐예요?
B 좋아하는 건 요리예요.

趣味(しゅみ) 취미 | **料理**(りょうり) 요리 | **正直**(しょうじき)**だ** 솔직하다 |
ところ 점, 부분, 곳 | **色**(いろ) 색깔 | **理由**(りゆう) 이유

1. ～が好きだ ～를 좋아하다

'～를 좋아한다'고 할 때 조사 을/를 아닌 が를 쓴다는 것에 주의하세요.

📢 말해 보세요

① 당신을 좋아해요.

　　_____。

② 누구를 좋아해요?

　　_____好きですか。

③ 솔직한 부분이 좋아요.

　　正直なところが_____。

2. 好きな + 명사 좋아하는 (명사)

📢 말해 보세요

① 좋아하는 사람이 있어요.

　　_____がいます。

② 좋아하는 색깔이 아니에요.

　　_____じゃありません。

③ 좋아하는 이유는 뭐예요?

　　_____は何ですか。

---

1. ❶ あなたが好きです ❷ 誰(だれ)が ❸ 好きです
2. ❶ 好きな人(ひと) ❷ 好きな色(いろ) ❸ 好きな理由(りゆう)

Day 065

食(た)べるのが好(す)きです
먹는 것을 좋아해요

'~하는 것을 좋아해요'라고 할 때는 ~のが好きです 또는 ~ことが好きです라고 합니다.

A　料理(りょうり)ができますか。

B　いいえ、できません。
　　料理(りょうり)をするというより、
　　食(た)べるのが好(す)きです。

A　요리를 할 수 있어요?
B　아니요, 못해요.
　　요리를 한다기보다 먹는 걸 좋아해요.

恋人(こいびと) 애인, 연인 | 飲(の)める 마실 수 있다 | まずい 맛없다 | 薄(うす)い 싱겁다 | 遊(あそ)ぶ 놀다 | スポーツ 스포츠 | おしゃべりする 수다를 떨다

1 ～というより ～라기보다

📢 말해 보세요

① 연인이라기보다는 그냥 친구예요.

　　_____というよりは、ただの友達です。

② 안 마신다기보다 못 마셔요.

　　飲まない_____、飲めないんです。

③ 맛이 없다기보다 맛이 싱거워요.

　　_____、味が薄いです。

2 동사 기본형 + ～のが好きだ ～하는 것을 좋아하다

～ことが好きだ라고 할 수도 있습니다.

📢 말해 보세요

① 노는 걸 좋아해요.

　　_____のが好きです。

② 스포츠는 하는 것보다 보는 것을 좋아해요.

　　スポーツはやるより_____ことが好きです。

③ 친구하고 수다 떠는 것을 좋아해요.

　　友達と_____のが好きです。

---

1. ❶ 恋人(こいびと) ❷ というより ❸ まずいというより
2. ❶ 遊(あそ)ぶ ❷ 見(み)る ❸ おしゃべりする

Day 066

何が一番好きですか
뭐를 제일 좋아해요?

상대방의 취향을 좀 더 자세히 알고 싶을 때는 〜の中で(〜 중에서)라는 범위를 주고 선택하게 하는 방법이 있겠죠? 오늘은 〜の中で를 사용해 질문하고 대답하는 법을 공부하겠습니다.

A 食べ物の中で、何が一番好きですか。
　　一番好きな食べ物は何ですか。

B 食べ物なら何でも好きです。

A 먹는 것 중에서 뭐를 제일 좋아해요?
　 제일 좋아하는 음식은 뭐예요?
B 먹는 거라면 뭐든지 좋아해요.

食(た)べ物(もの) 먹을 것, 음식 | 一番(いちばん) 제일, 가장 | 人気(にんき)だ 인기이다 | 動物(どうぶつ) 동물 | メンバー 멤버 | 風邪(かぜ) 감기 | 薬(くすり)を飲(の)む 약을 먹다 | お花見(はなみ) 꽃구경, 벚꽃놀이 | やっぱり 역시

1 〜の中(なか)で …が一番(いちばん) 〜 중에서 …가 제일

말해 보세요

❶ 이 중에서 어느 것이 제일 인기예요?

_____、どれが一番(いちばん)人気(にんき)ですか。

❷ 동물 중에서 무엇을 제일 좋아해요?

動物(どうぶつ)の中(なか)で、_____一番(いちばん)好(す)きですか。

❸ 멤버 중에서 누가 제일 예뻐요?

メンバーの中(なか)で、誰(だれ)が_____かわいいですか。

2 명사 + 〜なら 〜이라면

말해 보세요

❶ 술이라면 뭐든지 좋아요.

_____何(なん)でもいいです。

❷ 감기라면 약을 먹는 게 좋아요.

_____薬(くすり)を飲(の)んだ方(ほう)がいいです。

❸ 벚꽃놀이라면 역시 우에노공원이지요.

(お花見(はなみ))_____やっぱり上野公園(うえのこうえん)ですね。

---

1. ❶ この中で ❷ 何(なに)が ❸ 一番 2. ❶ お酒(さけ)なら ❷ 風邪(かぜ)なら ❸ お花見なら

嫌いなものは？
싫어하는 것은?

好きだ(좋아하다)의 반대말 '싫어하다'는 嫌いだ입니다. 好きだ와 마찬가지로 조사는 が를 씁니다.

A　何が嫌いですか。
B　納豆が嫌いです。

A　뭐를 싫어하세요?
B　낫또를 싫어해요.

A　嫌いなものは？
B　特にないです。

A　싫어하는 것은요?
B　특별히 없어요.

嫌(きら)いだ 싫어하다 | 納豆(なっとう) 낫또 | 特(とく)に 특별히 | 勉強(べんきょう) 공부 |
ゴキブリ 바퀴벌레 | 味(あじ) 맛 | 野菜(やさい) 야채 | あいさつ 인사

1 ～が嫌いだ ～를 싫어하다

～が嫌いだ로 조사와 함께 외워 두시는 게 좋아요.

📢 말해 보세요

① 공부가 싫어요.

_____ 嫌いです。

② 저를 싫어하세요?

僕のことが_____。

③ 바퀴벌레가 싫어요.

ゴキブリが_____。

2 嫌いな + 명사 싫어하는 (명사)

📢 말해 보세요

① 싫어하는 맛이에요.

嫌いな_____です。

② 싫어하는 야채는 뭐예요?

_____野菜は何ですか。

③ 일본 사람들은 싫어하는 사람이라도 인사는 해요.

日本人は_____でもあいさつはします。

---

1. ❶勉強(べんきょう)が ❷嫌いですか ❸嫌いです   2. ❶味(あじ) ❷嫌いな ❸嫌いな人(ひと)

Day 068

なぜ嫌(きら)いですか
왜 싫어해요?

좋아하는 것과 싫어하는 것을 알고 나면 왜 좋아하는지, 왜 싫어하는지 그 이유도 궁금해지죠. '왜', '어째서' 그런지 이유를 물어볼 때는 なぜ나 どうして라는 표현을 사용합니다. 대답할 때는 なぜなら 〜からです(왜냐하면 〜니까요) 패턴을 사용하면 좋습니다.

A   なぜ納豆(なっとう)が嫌(きら)いですか。

    どうして？

B   なぜなら、臭(にお)いがくさいからです。

A   왜 낫또를 싫어해요?
    어째서?
B   왜냐하면 냄새가 지독해서요.

 なぜ 왜 | どうして 어째서 | 臭(にお)いがくさい 냄새가 지독하다, 구리다 | 忙(いそが)しい 바쁘다 | 気持(きも)ち悪(わる)い 기분 나쁘다, 징그럽다

1   なぜ 왜   どうして 어째서

📢 **말해 보세요**

① 왜 안 돼요?

　　＿＿＿＿＿＿＿＿＿＿だめですか。

② 어째서 이해를 못해요?

　　＿＿＿＿＿＿＿＿＿＿分(わ)かりませんか。

③ 그건 왜죠? 어째서죠?

　　それは＿＿＿＿＿＿＿＿＿＿。＿＿＿＿＿＿＿＿＿＿ですか。

2   なぜなら 〜から   왜냐하면 〜하기 때문에 〈이유〉

📢 **말해 보세요**

① 왜냐하면 안 되는 건 안 되니까요.

　　＿＿＿＿＿＿＿＿＿＿、だめな物(もの)はだめだからです。

② 왜냐하면 지금 바쁘니까요.

　　なぜなら、今(いま)＿＿＿＿＿＿＿＿＿＿＿＿＿＿＿＿＿＿＿。

③ 왜냐하면 징그러우니까요.

　　なぜなら、(気(き)持(も)ち悪(わる)い)＿＿＿＿＿＿＿＿＿＿＿＿＿＿＿＿。

---

1. ❶なぜ ❷どうして ❸なぜですか / どうして
2. ❶なぜなら ❷忙(いそが)しいからです ❸気持ち悪いからです

□MP3 듣기 ▶ □저자 강의 듣기 ▶ □복습하기

Day 069

付き合っている人はいますか
사귀고 있는 사람은 있어요?

일본에서는 사생활에 대한 질문은 금기 사항처럼 여겨서 거의 하지 않습니다. 그래도 서로 많이 친해지면 사생활에 대한 얘기를 하기도 하는데, 사귀는 사람이 있는지 궁금할 때는 付き合う라는 단어를 암기했다 사용해 보세요.

A 付き合っている人はいますか。

B 今はいません。

募集中です。

いい人がいたら、紹介してください。

A 사귀고 있는 사람은 있어요?
B 지금은 없어요.
찾고 있어요. (모집 중이에요.)
좋은 사람 있으면 소개해 주세요.

付(つ)き合(あ)う 사귀다, 같이하다 | 募集中(ぼしゅうちゅう) 모집 중 |
紹介(しょうかい)する 소개하다 | 年下(としした) 연하 | 買(か)い物(もの) 쇼핑, 장보기 |
分(わ)からない 알지 못하다, 모르다 | 足(た)りない 부족하다 | 暇(ひま)だ 한가하다

1 付き合う　사귀다, 같이하다

뭔가를 같이한다고 할 때도 付き合う를 쓸 수 있어요.

📢 말해 보세요

① 연하하고 사귀고 있어요.
年下と_____います。

② 누구하고 누가 사귀어요?
誰と誰が_____。

③ 쇼핑을 같이 해 주세요.
買い物に_____ください。

2 〜たら …てください　〜하면 …해 주세요

📢 말해 보세요

① 모르는 것이 있으면 물어보세요.
分からないことが_____聞いてください。

② 부족하면 말씀하세요.
(足りない)_____言ってください。

③ 한가하면 놀러 오세요.
(暇だ)_____遊びに来てください。

---

1. ❶付き合って ❷付き合っていますか ❸付き合って
2. ❶あったら ❷足りなかったら ❸暇だったら

Day 070

どんな人(ひと)が好(す)きですか

어떤 사람을 좋아해요?

오늘은 상대방의 취향을 물어보고 대답하는 표현을 공부하겠습니다. 우리말 '취향', '기호'에 해당하는 好(この)み는 동사 好む(좋아하다)의 명사형인데, 好きだ와 같은 뜻으로 회화 중에 많이 나오니까 같이 알아 두세요.

A 好(この)みのタイプは？

どんな人(ひと)がお好(す)きですか。

B 背(せ)が高(たか)くて格好(かっこう)いい人(ひと)が好(す)きです。

A 좋아하는 타입은요?
어떤 사람을 좋아하세요?
B 키가 크고 멋있는 사람을 좋아해요.

好(この)み 취향 | 格好(かっこう)いい 멋있다 | 明(あか)るい 밝다 |
簡単(かんたん)だ 간단하다 | 楽(らく)だ 편하다 | 雰囲気(ふんいき) 분위기 |
素敵(すてき)だ 멋지다

1 好み 취향

🔊 **말해 보세요**

❶ 제 취향이 아니에요.

私の_____ではありません。

❷ 취향대로 만드니까 오코노미야키예요.

_____で作るからお好み焼きです。

❸ 사람마다 취향이 달라요.

人によって_____が違います。

2

(い형용사)	～くて ～하고	～い + 명사 ～한 (명사)
(な형용사)	～で ～하고	～な + 명사 ～한 (명사)

い형용사와 な형용사의 연결 공식을 복습해 봅시다.

🔊 **말해 보세요**

❶ 밝고 귀여운 사람이 제 취향이에요.

(明るい)_____人が好みです。

❷ 간단하고 편한 일은 없어요.

(簡単だ / 楽だ)_____仕事はないです。

❸ 분위기도 좋고 멋진 가게네요.

雰囲気も(素敵だ)_____店ですね。

---

1. ❶好み ❷好み ❸好み 2. ❶明るくてかわいい ❷簡単で楽な ❸よくて素敵な

Day 071~080

- **Day 071** お酒は強い方ですか 술은 센 편이에요?
- **Day 072** ビールと焼酎とどっちが好きですか 맥주하고 소주 중에 어느 쪽을 좋아하세요?
- **Day 073** よく飲みに行きますか 자주 마시러 가요?
- **Day 074** そんなにたくさん飲めません 그렇게 많이 못 마셔요
- **Day 075** ぜんぜん飲むことができません 전혀 못 마셔요
- **Day 076** 週末はいつも何をしますか 주말엔 언제나 뭐 해요?
- **Day 077** 土曜日は何をするつもりですか 토요일은 뭐 할 거예요?
- **Day 078** 家で休もうと思います 집에서 쉬려고 해요
- **Day 079** どこで会いましょうか 어디에서 만날까요?
- **Day 080** 映画を見る前に 영화를 보기 전에

Day 071

お酒は強い方ですか
술은 센 편이에요?

술이 '세다', '약하다'라고 할 때 형용사 強い, 弱い로 표현합니다. 그리고 일본인들은 직접적으로 말하기보다는 말을 돌려서 표현하기를 좋아해서 ～方だ(～한 편이다)와 ～と思う(～고 생각하다, ～한 것 같다)라는 표현을 많이 씁니다.

A　お酒は？
　　強い方ですか。弱い方ですか。

B　弱いです。弱い方だと思います。

A　술은요?
　　센 편이에요? 약한 편이에요?

B　약해요. 약한 편이라고 생각해요.

단어　**強(つよ)い** 세다 | **弱(よわ)い** 약하다 | **給料(きゅうりょう)** 월급, 급여 | **性格(せいかく)** 성격 | **静(しず)かだ** 조용하다 | **大丈夫(だいじょうぶ)だ** 괜찮다 | **似合(にあ)う** 어울리다

1 〜方だ　〜한 편이다

方를 かた로 읽기도 하는데, 이때는 '방법', '〜분(사람을 높임)'이라는 뜻이 됩니다.

📢 말해 보세요

① 월급은 많은 편이에요.
給料(きゅうりょう)は_____方(ほう)です。

② 성격이 조용한 편이에요.
性格(せいかく)が静(しず)かな_____。

③ 이건 싼 편이에요.
これは_____です。

2 〜と思います　〜고 생각해요, 〜한 것 같아요

📢 말해 보세요

① 좀 이상한 것 같아요.
ちょっと_____と思(おも)います。

② 이러면 괜찮을 것 같아요.
これで_____と思(おも)います。

③ 이쪽이 어울린다고 생각해요.
こっちの方(ほう)が (〜ている)_____と思(おも)います。

---

1. ❶ 多(おお)い　❷ 方です　❸ 安(やす)い方
2. ❶ おかしい　❷ 大丈夫(だいじょうぶ)だ　❸ 似合(にあ)っている

Day 072

ビールと焼酎とどっちが好きですか
맥주하고 소주 중에 어느 쪽을 좋아하세요?

둘 중에 어느 것을 좋아하는지 물어볼 때 AとBとどっちが好きですか라고 합니다. 둘 중 하나를 선택하여 'A보다 B를 좋아한다'고 대답할 때는 AよりBの方が 好きです라고 하고, 둘 다 좋아할 경우엔 両方とも好きです 또는 どちらも好きです라고 합니다.

A　お酒は、ビールと焼酎と
　　どっちが好きですか。

B　焼酎よりビールの方が好きです。

A　私は両方とも好きです。

A　술은 맥주하고 소주 중에 어느 쪽을 좋아하세요?
B　소주보다 맥주를 좋아해요.
A　저는 둘 다 좋아해요.

ビール 맥주 | 焼酎(しょうちゅう) 소주 | どっち 어느 쪽(= どちら) |
両方(りょうほう)とも 양쪽 다, 둘 다 | 牛肉(ぎゅうにく) 소고기 | 豚肉(ぶたにく) 돼지고기 |
春(はる) 봄 | 秋(あき) 가을 | 地下鉄(ちかてつ) 지하철 | ご飯(はん) 밥 | パン 빵

1 AとBとどっちが 〜ですか
A와 B 둘 중에 어느 쪽이 〜해요?

📢 말해 보세요

❶ 소고기하고 돼지고기 중에 어느 쪽이 좋아요?

_____、どっちが好きですか。

❷ A 군하고 B 군 중에 누가 키가 커요?

A君とB君と、_____が背が高いですか。

❸ 봄하고 가을 중에 언제가 좋아요?

春と秋と、_____がいいですか。

2 AよりBの方が 〜です
A보다 B 쪽이 〜해요

'둘 다'라고 할 때는 両方(りょうほう)とも(양쪽 다) 또는 どちらも(어느 쪽이든)라고 합니다.

📢 말해 보세요

❶ 택시보다 지하철 쪽이 빨라요.

タクシーより_____早いです。

❷ 밥보다 빵(쪽)을 좋아해요.

_____パンの方が好きです。

❸ 내일도 내일모레도 둘 다(양쪽 다) 안 돼요.

明日もあさっても、_____だめです。

---

1. ❶ 牛肉(ぎゅうにく)と豚肉(ぶたにく)と ❷ どっち ❸ どっち
2. ❶ 地下鉄(ちかてつ)の方が ❷ ご飯(はん)より ❸ 両方とも

Day 073

よく飲みに行きますか

자주 마시러 가요?

~に行く는 '~하러 가다'라는 뜻으로, 앞에는 동사의 ます형이나 목적을 나타내는 명사가 옵니다.

A よく飲みに行きますか。

B はい、よく行きます。

A 자주 (술을) 마시러 가요?
B 네, 자주 가요.

A よく飲みに行きますか。

B いいえ、たまに行きます。

A 자주 (술을) 마시러 가요?
B 아뇨, 가끔 가요.

よく 자주 | たまに 가끔 | 今度(こんど) 이번, 이다음 | 先週(せんしゅう) 지난주 | 旅行(りょこう) 여행 | 来週(らいしゅう) 다음 주 | 時々(ときどき) 때때로 | 会(あ)う 만나다

1 〜に行く 〜하러 가다

앞에는 동사 ます형이나 명사가 옵니다.

📢 말해 보세요

① 다음에 같이 놀러 갑시다.

今度(こんど)いっしょに＿＿＿＿＿＿＿＿＿行(い)きましょう。

② 지난주엔 여행을 갔어요.

先週(せんしゅう)は＿＿＿＿＿＿＿＿＿行(い)きました。

③ 다음 주엔 쇼핑하러 갈 거예요.

来週(らいしゅう)は(買(か)い物(もの))＿＿＿＿＿＿＿＿＿行(い)きます。

2 よく 자주   時々(ときどき) 때때로   たまに 가끔

📢 말해 보세요

① 가끔 먹고 싶어져요.

＿＿＿＿＿＿食(た)べたくなります。

② 그런 일은 때때로 있어요.

そういうことは＿＿＿＿＿あります。

③ 그녀와 자주 만나요?

彼女(かのじょ)と＿＿＿＿＿会(あ)いますか。

---

1. ❶遊(あそ)びに ❷旅行(りょこう)に ❸買い物に   2. ❶たまに ❷時々 ❸よく

Day 074

そんなにたくさん飲めません
그렇게 많이 못 마셔요

飲める는 '마실 수 있다'라는 뜻으로, 동사 飲む의 가능형입니다. 1그룹 동사를 가능형으로 만들 때는 동사 어미를 e단으로 바꾼 다음 る를 붙입니다. 2그룹 동사는 食べられる(먹을 수 있다)처럼 어미 る를 떼고 られる를 붙이죠. 그리고 3그룹 가능형 来られる(올 수 있다)와 できる(할 수 있다)는 암기!

A　ビールはどれぐらい飲みますか。

B　そんなにたくさん飲めません。
　　一杯ぐらいしか飲めません。

A　맥주는 얼마나 마셔요?
B　그렇게 많이 못 마셔요.
　　한 잔 정도밖에 못 마셔요.

どれぐらい 얼마나, 어느 정도 | 一杯(いっぱい) 한 잔 | ぜったい 절대 |
何時(なんじ) 몇 시 | 今(いま)すぐ 지금 바로 | あいさつ 인사

1 동사 가능형 만드는 방법

(1그룹) 동사 어미를 e단으로 바꾸고 + る
(2그룹) る 떼고 + られる
(3그룹) 来(こ)られる / できる

📣 말해 보세요

① 그건 절대 말할 수 없어요.

それはぜったい (話(はな)す)_____。

② 몇 시까지 올 수 있어요?

何時(なんじ)までに_____。

③ 지금 바로 갈 수 있어요.

今(いま)すぐ_____。

2 〜しか + 가능 부정   〜밖에 … 수 없다

〜しか는 '〜밖에'라는 뜻으로, 뒤에는 언제나 부정형이 옵니다.

📣 말해 보세요

① 물밖에 못 마셔요.

水(みず)_____飲(の)めません。

② 여기에는 1시간밖에 있을 수 없어요.

ここには一時間(いちじかん)しか (いる)_____。

③ 인사밖에 못해요.

あいさつ_____。

---

1. ❶話せません ❷来(こ)られますか ❸行(い)けます
2. ❶しか ❷いられません ❸しかできません

Day 075

ぜんぜん飲(の)むことができません
전혀 못 마셔요

できる를 사용하여 '~할 수 있다'는 가능 표현을 만들 수도 있습니다. 동사 기본형 뒤에 ことができる를 연결하기만 하면 되죠.

A まったく飲(の)めないんですか。

B はい、ぜんぜん飲(の)むことができません。

A あら、残念(ざんねん)ですね。

A 완전 못 마셔요?
B 네, 전혀 못 마셔요.
A 어머, 아쉽네요.

まったく 완전히 | **ぜんぜん** 전혀 | **残念(ざんねん)だ** 아쉽다, 유감이다 |
調(しら)べる 알아보다 | **勝手(かって)に** 마음대로, 함부로 | **変(か)える** 바꾸다 |
借(か)りる 빌리다 | **売(う)り切(き)れ** 품절

1 동사 기본형 + ～ことができる ～할 수 있다 〈가능〉

📢 말해 보세요

① 여러 가지 알아볼 수 있습니다.

いろいろ調(しら)べる_____。

② 함부로 바꿀 수 없어요.

勝手(かって)に変(か)える_____。

③ 차를 빌릴 수 있어요?

車(くるま)を借(か)りる_____。

2 残念(ざんねん)だ 아쉽다, 유감이다

'유감이지만', '아쉽지만'이라는 뜻의 残念ですが와 残念ながら도 같이 기억해 두세요.

📢 말해 보세요

① 같이 못 가서 아쉬워요.

いっしょに_____残念(ざんねん)です。

② 이번에는 못 만나서 아쉬웠어요.

今回(こんかい)は会(あ)えなくて_____。

③ 유감이지만, 그건 품절됐어요.

_____ながら、それは売(う)り切(き)れですね。

---

1. ❶ ことができます ❷ ことができません ❸ ことができますか
2. ❶ 行(い)けなくて ❷ 残念でした ❸ 残念

Day 076

□ MP3 듣기 ▶ □ 저자 강의 듣기 ▶ □ 복습하기

週末(しゅうまつ)はいつも何(なに)をしますか

주말엔 언제나 뭐 해요?

주말에는 무엇을 하냐는 질문에는 여러 가지 행동을 열거할 수 있는 ~たり …たり
(~하거나 …하거나)를 사용해 대답해 보세요.

A 週末(しゅうまつ)はいつも何(なに)をしますか。

B サウナへ行(い)ったり運動(うんどう)したりします。

A 毎週(まいしゅう)、運動(うんどう)しますか。

B したりしなかったりですけど。

A 주말엔 언제나 뭐 해요?
B 사우나에 가기도 하고 운동하기도 해요.
A 매주 운동해요?
B 하기도 하고 안 하기도 하는데요.

週末(しゅうまつ) 주말 | サウナ 사우나 | 運動(うんどう)する 운동하다 | 掃除(そうじ) 청소 |
洗濯(せんたく) 빨래 | ドラマ 드라마 | 泣(な)く 울다 | 笑(わら)う 웃다 |
火曜日(かようび) 화요일 | 休(やす)み 쉬는 날, 휴일, 휴가 | 一回(いっかい) 한 번

1 〜たり …たり ~하기도 하고 …하기도 하고

📢 말해 보세요

① 청소를 하기도 하고 빨래를 하기도 해요.

_____洗濯をしたりします。

② 드라마를 보면서 울기도 하고 웃기도 했어요.

ドラマを見ながら泣いたり_____しました。

③ 점심밥은 먹기도 하고 먹지 않기도 해요.

お昼ご飯は食べたり_____です。

2 毎日 매일, 날마다   毎週 매주   毎年 매년

📢 말해 보세요

① 매일 바빠요.

_____忙しいです。

② 매주 화요일이 쉬는 날이에요.

_____火曜日が休みです。

③ 매년 한 번은 가요.

_____一回は行きます。

---

1. ❶ 掃除(そうじ)をしたり ❷ 笑(わら)ったり ❸ 食(た)べなかったり   2. ❶ 毎日 ❷ 毎週 ❸ 毎年

Day 077

土曜日は何をするつもりですか
토요일은 뭐 할 거예요?

예정, 계획을 말할 때 쓰는 표현으로 ～つもりです와 ～予定です가 있습니다. ～つもりです는 변경 가능한 스케줄일 때 쓰고, ～予定です는 확정된 스케줄일 때 씁니다.

A 今週の土曜日は何をするつもりですか。
B 友達に会うつもりです。

A 이번 주 토요일은 뭐 할 거예요?
B 친구를 만날 거예요.

A 週末は何をする予定ですか。
B 友達に会う予定です。

A 주말엔 뭐 할 예정예요?
B 친구를 만날 예정이에요.

土曜日(どようび) 토요일 | 予定(よてい) 예정 | 卒業(そつぎょう)する 졸업하다 |
就職(しゅうしょく)する 취직하다 | 困(こま)らせる 곤란하게 하다 |
美容室(びようしつ) 미용실 | 最初(さいしょ) 처음 | 終(お)わる 끝나다

1 ～つもりです ～할 거예요

📢 말해 보세요

① 앞으로 어떻게 할 거예요?

これからどうする_____。

② 졸업하면 취업할 거예요.

卒業（そつぎょう）したら就職（しゅうしょく）する_____。

③ 당신을 곤란하게 할 생각은 아니에요.

あなたを困（こま）らせる_____ではありません。

2 ～予定（よてい）です ～할 예정이에요

📢 말해 보세요

① 내일은 미용실에 갈 예정이에요.

明日（あした）は美容室（びようしつ）に行（い）く_____。

② 공항에서 만날 예정이에요.

空港（くうこう）で_____予定（よてい）です。

③ 처음에는 5시에 끝날 예정이었어요.

最初（さいしょ）は5時（ごじ）に終（お）わる_____。

---

1. ❶つもりですか ❷つもりです ❸つもり 2. ❶予定です ❷会（あ）う ❸予定でした

Day 078

家で休(やす)もうと思(おも)います
집에서 쉬려고 해요

~(よ)うと思います는 '~하려고 (생각)해요'라는 뜻입니다. 지난 시간에 공부한 ~つもりです와 ~予定(よてい)です는 계획을 나타내는 데 반해, ~(よ)うと思います는 말 그대로 아직 생각 중인 단계입니다.

A 今度(こんど)の連休(れんきゅう)は?

B まあ、家(うち)で休(やす)もうと思(おも)います。

A よかったら、いっしょに映画(えいが)でも
見(み)に行(い)きませんか。

A 이번 연휴는요?
B 뭐, 집에서 쉬려고 해요.
A 괜찮으면 같이 영화라도 보러 갈래요?

連休(れんきゅう) 연휴 | **家**(うち) 집 | **休**(やす)**む** 쉬다 | **辞**(や)**める** (일을) 그만두다 | **機会**(きかい)**がある** 기회가 있다 | **もし** 혹시 | **デート** 데이트

1 〜(よ)うと思います 〜하려고 (생각)해요

동사를 연결할 때 1그룹은 어미를 o단으로 바꾼 다음 う를 붙이고, 2그룹은 어미 る를 떼고 よう를 붙이면 됩니다. 3그룹은 しよう, 来(こ)よう.

말해 보세요

① 조금 더 기다리려고 해요.

もう少し_____と思います。

② 회사를 그만두려고 해요.

会社を(辞める)_____と思います。

③ 기회가 있으면 또 오려고 해요.

機会があれば、また_____と思います。

2 よかったら 〜ませんか 괜찮으면 〜하지 않을래요?

'〜하지 않을래요?'는 결국 '〜할래요?'라는 의미겠죠?

말해 보세요

① 괜찮으면 같이 먹을래요?

_____、いっしょに食べませんか。

② 혹시 괜찮으면 데이트할래요?

もしよかったら、_____。

③ 괜찮으면 이쪽으로 오지 않을래요?

よかったら、こちらに_____。

---

1. ❶待(ま)とう ❷辞めよう ❸来(こ)よう
2. ❶よかったら ❷デートしませんか ❸来(き)ませんか

Day 079

どこで会いましょうか
어디에서 만날까요?

세 가지 제안 표현을 같이 알아 두세요.
~ませんか ~하지 않을래요? / ~ましょう ~합시다 / ~ましょうか ~할까요?
~ましょう와 ~ましょうか는 서로의 스케줄을 조율할 때도 정말 많이 씁니다.

A その日はどこで会いましょうか。
待ち合わせ場所は？

B 渋谷で会いましょう。

A 그날은 어디에서 만날까요?
약속 장소는?

B 시부야에서 만납시다.

その日(ひ) 그날 | 待(ま)ち合(あ)わせ (만날) 약속 | そうする 그렇게 하다 | 待(ま)つ 기다리다

1 〜ましょう ~합시다
〜ましょうか ~할까요?

📢 **말해 보세요**

① 좀 쉴까요?

少し_____。
すこ

② 그렇게 합시다.

そう_____。

③ 여기에서 기다립시다.

ここで_____。

2 待ち合わせ (만날) 약속
ま あ

'약속'이라는 뜻의 단어로 約束(やくそく)가 있지만, 사람과 사람이 만나기로 약속한 것은 待ち合わせ를 씁니다.

📢 **말해 보세요**

① 약속 장소는 어떻게 할까요?

待ち合わせ_____はどうしましょうか。
ま あ

② 몇 시 약속이에요?

何時に_____ですか。
なん じ

③ 1시에 하라주쿠에서 만나기로 합시다.

1時に原宿で_____しましょう。
いち じ　　　はらじゅく

---

1. ❶休(やす)みましょうか ❷しましょう ❸待(ま)ちましょう
2. ❶場所(ばしょ) ❷待ち合わせ ❸待ち合わせ

映画を見る前に
영화를 보기 전에

'~하기 전에'라고 할 때는 동사 기본형 뒤에 ~前に를 붙여 주면 됩니다. 반대로 '~한 후에'는 동사 과거형 다음에 後に를 씁니다.

A 映画を見る前に、お昼を食べましょう。

B それ、いいですね。

A それから、映画を見た後に
一杯やりましょう。

A 영화를 보기 전에 점심을 먹읍시다.
B 그거 좋네요.
A 그러고 나서 영화를 본 후에 한잔합시다.

お昼(ひる) 점심 | 一杯(いっぱい)やる 한잔하다 | 始(はじ)める 시작하다 | メール 메일 | チェック 체크 | もう一度(いちど) 한 번 더, 다시 한번 | 死(し)ぬ 죽다 | 終(お)わる 끝나다 | 別(わか)れる 헤어지다 | 後悔(こうかい)する 후회하다 | チェックイン 체크인 | 出(で)かける 외출하다

1 동사 기본형 + 前に ~하기 전에

📢 말해 보세요

① 일을 시작하기 전에 메일을 체크합니다.

仕事を始める_____、メールをチェックします。

② 말하기 전에 한 번 더 생각해요.

_____前に、もう一度考えます。

③ 죽기 전에 해 보고 싶어요.

_____やってみたいです。

2 동사 과거형 + 後に ~한 후에

📢 말해 보세요

① 수업이 끝난 후에 뭐 할 거예요?

授業が_____後に、何をするつもりですか。

② 그녀와 헤어진 후에 후회했어요.

彼女と_____、後悔しました。

③ 호텔에서 체크인 한 후에 바로 외출했어요.

ホテルでチェックインした_____、すぐ出かけました。

---

1. ❶ 前に ❷ 言(い)う ❸ 死(し)ぬ前に   2. ❶ 終(お)わった ❷ 別(わか)れた後に ❸ 後に

Day 081~090

- **Day 081**　海という店を知っていますか
　　　　　　　바다라는 가게를 아세요?

- **Day 082**　いっしょに行ってもらえますか　같이 가 줄래요?

- **Day 083**　何でも聞きます　뭐든지 들어줄게요

- **Day 084**　遅くなってすみません　늦어서 죄송해요

- **Day 085**　早めに来ようとしたんですが　일찍 오려고 했는데

- **Day 086**　この店は人気みたいですね
　　　　　　　이 가게는 인기인가 봐요

- **Day 087**　遠くからも来るらしいです
　　　　　　　멀리서도 찾아오는 것 같아요

- **Day 088**　おいしそう！　맛있겠다!

- **Day 089**　まるで宝石のようですね　마치 보석 같네요

- **Day 090**　僕に払わせてください　제가 내게 해 주세요

Day 081

海という店を知っていますか
바다라는 가게를 아세요?

일본어에는 '알다'라는 뜻의 단어가 知る와 分かる 두 가지 있습니다. 知る는 '인지하다' 의 뜻이고 分かる는 '이해하다'는 뜻이니까 구분해서 알아 두세요.

A 新宿の「海」という店を知っていますか。
B いいえ、知りません。
A 海鮮丼が有名な店です。

A 신주쿠의 '바다'라는 가게를 아세요?
B 아니요, 몰라요.
A 회덮밥이 유명한 가게예요.

海(うみ) 바다 | **知**(し)る 알다 | **海鮮丼**(かいせんどん) 회덮밥 | **有名**(ゆうめい)だ 유명하다 | **嫌**(いや)だ 싫다 | **意味**(いみ) 의미 | **みんな** 모두

1 ～という + 명사   ～라는 (명사), ～하다는 (명사)

📢 **말해 보세요**

① 뭐라고 하는 가게예요?

_____店ですか。

② 일본에는 스키야키라는 요리가 있어요.

日本にはすき焼き_____料理があります。

③ 그것은 싫다는 의미예요.

それは嫌だという_____です。

2 知っている   알고 있다

知る는 '인지하다'의 뜻이므로 '안다'라고 할 때는 언제나 知っている로 말합니다. '모른다'는 知らない, '모릅니다'는 知りません.

📢 **말해 보세요**

① 모두 알아요.

みんな_____。

② 저는 아무것도 몰라요.

私は何にも_____。

③ 아는 사람은 알아요.

_____人は知っています。

---

1. ❶何(なん)という ❷という ❸意味(いみ) 2. ❶知っています ❷知りません ❸知っている

Day 082

いっしょに行ってもらえますか
같이 가 줄래요?

~てもらえますか는 상대방에게 뭔가를 해 달라고 부탁할 때 쓸 수 있는 표현입니다. 직역하면 '~해 받을 수 있습니까?'인데, 즉 '~해 줄래요?'라는 의미입니다.

A 前からずっと気になる店があって
今回行ってみようと思いますが、
どうですか。
いっしょに行ってもらえますか。

B いいですよ。喜んで。

A 전부터 계속 궁금한 가게가 있어서
이번에 가 보려고 하는데, 어때요?
같이 가 줄래요?

B 좋아요. 기꺼이.

前(まえ)から 전부터 | ずっと 쭉, 계속 | 喜(よろこ)んで 기꺼이 | 反応(はんのう) 반응 |
付(つ)き合(あ)う 같이하다, 사귀다 | 写真(しゃしん)を撮(と)る 사진을 찍다 |
席(せき)を換(か)える 자리를 바꾸다

① 気になる 궁금하다, 신경 쓰이다

📢 **말해 보세요**

❶ 신경 쓰이는 사람이 있어요.

　_____人がいます。

❷ 반응이 궁금하세요?

　反応が_____。

❸ 전혀 신경 안 쓰여요.

　まったく_____。

② ～てもらえますか ～해 줄래요?

뭔가를 부탁할 때 ～てもらえますか를 쓸 수 있습니다.

📢 **말해 보세요**

❶ 쇼핑을 같이 해 줄래요?

　買い物に付き合って_____。

❷ 사진 좀 찍어 주실래요?

　写真を_____もらえますか。

❸ 자리를 바꿔 주실래요?

　席を (換える)_____。

---

1. ❶ 気になる ❷ 気になりますか ❸ 気になりません
2. ❶ もらえますか ❷ 撮(と)って ❸ 換えてもらえますか

Day 083

何(なん)でも聞(き)きます
뭐든지 들어줄게요

'~해 줘서 감사해요'라고 상대방의 행동에 감사하는 표현을 공부하겠습니다. 그런데 내가 상대방에게 '~해 주다'를 일본어로 말할 때는 ~てあげる(Day 089 참고)라고 하지 않고 그냥 ~ます라고 합니다. あげる를 넣으면 좀 거만한 느낌이 들어서 실례가 될 수 있어요.

A お願(ねが)い聞(き)いてくれて、ありがとうございます。

B いいえ、私(わたし)も楽(たの)しみです。

A 鈴木(すずき)さんは何(なに)か希望(きぼう)はないですか。
何(なん)でも聞(き)きます。

A 부탁 들어줘서 고마워요.
B 아니에요, 저도 기대돼요.
A 스즈키 씨는 뭔가 하고 싶은 거 없어요?
뭐든지 들어줄게요.

お願(ねが)い 부탁 | 楽(たの)しみ 즐거움, 기대 | 希望(きぼう) 희망 |
教(おし)える 가르치다 | 招待(しょうたい)する 초대하다 | 手伝(てつだ)う 돕다 |
買(か)う 사다 | 持(も)つ 들다 | 説明(せつめい)する 설명하다

1 〜てくれてありがとうございます 〜해 줘서 고마워요

📢 말해 보세요

① 가르쳐 줘서 고마워요.

＿＿＿＿＿＿＿＿＿＿＿＿＿＿＿＿ありがとうございます。

② 초대해 줘서 고마워요.

＿＿＿＿＿＿＿＿＿＿＿＿＿＿＿＿ありがとうございます。

③ 도와줘서 고마워.

＿＿＿＿＿＿＿＿＿＿＿＿＿＿＿＿ありがとう。

2 (私(わたし)が) 〜ます (제가) 〜해 줄게요

'〜해 줄게요'라고 할 때도 그냥 〜ます라고 하면 됩니다.

📢 말해 보세요

① 제가 사 줄게요.

私(わたし)が＿＿＿＿＿＿＿＿＿＿＿＿＿＿。

② 그 가방은 제가 들어 줄게요.

そのかばんは私(わたし)が(持(も)つ)＿＿＿＿＿＿＿＿＿＿＿＿。

③ 그건 제가 설명해 줄게요.

それは私(わたし)が＿＿＿＿＿＿＿＿＿＿＿＿＿＿。

---

1. ❶ 教(おし)えてくれて ❷ 招待(しょうたい)してくれて ❸ 手伝(てつだ)ってくれて
2. ❶ 買(か)います ❷ 持ちます ❸ 説明(せつめい)します

Day 084

遅(おそ)くなってすみません
늦어서 죄송해요

일본 사람들은 대부분 시간 엄수에 철저한 편이라서 보통 약속을 하면 거의 5분 전에는 약속 장소에 나와 있습니다. 어쩔 수 없이 늦게 됐을 때는 인사를 잘하는 것도 중요합니다. 어떻게 말하는지 대화 속에서 확인해 보세요.

A お待(ま)たせいたしました。
　 遅(おそ)くなってすみません。

B いいえ、私(わたし)も今(いま)着(つ)いたばかりです。

A 오래 기다렸지요.
　 늦어서 미안해요.
B 아니에요, 저도 지금 막 왔어요.

遅(おそ)くなる 늦어지다 | 着(つ)く 도착하다 | 勝手(かって)に 함부로, 마음대로 | 決(き)める 정하다 | 間違(まちが)える 틀리다 | じゃまする 방해하다

1 ～てすみません　～해서 미안해요

すみません 대신 ごめんなさい를 써도 같은 뜻입니다.

말해 보세요

1. 마음대로 정해서 미안해요.
   勝手に(決める)＿＿＿＿＿＿＿＿＿＿すみません。

2. 이름을 틀려서 죄송해요.
   お名前を(間違える)＿＿＿＿＿＿＿＿＿＿ごめんなさい。

3. 방해해서 미안했어요.
   おじゃまして＿＿＿＿＿＿＿＿＿＿でした。

2 동사 과거형 + ばかりです　지금 막 ～했어요

말해 보세요

1. 지금 막 밥을 먹었어요.
   ご飯を食べた＿＿＿＿＿＿＿＿＿＿。

2. 그 이야기는 지금 막 들었어요.
   その話は今＿＿＿＿＿＿＿＿＿＿ばかりです。

3. 지금 막 끝났어요.
   今＿＿＿＿＿＿＿＿＿＿ばかりです。

1. ❶決めて ❷間違えて ❸すみません　2. ❶ばかりです ❷聞(き)いた ❸終(お)わった

Day 085

早_{はや}めに来_こようとしたんですが

일찍 오려고 했는데

~(よ)うとしたんですが는 '~하려고 했는데'라는 뜻으로, 일이 생각대로 되지 않은 상황을 설명할 때 쓸 수 있습니다. 그 뒤에는 뭔가 하려고 했는데 그러지 못했던 이유가 나옵니다.

A 早_{はや}めに来_こようとしたんですが、
スマホを忘_{わす}れてしまって…。

B 大丈夫_{だいじょうぶ}です。気_きにしてませんよ。

A 일찍 오려고 했는데,
스마트폰을 깜빡해서…….

B 괜찮아요. 신경 안 써요.

早(はや)めに 일찍, 일찌감치 | 気(き)にする 신경을 쓰다 | 前(まえ)もって 미리 | 連絡(れんらく)する 연락하다 | 何度(なんど)も 몇 번이나, 여러 번 | 止(や)める 그만두다 | なかなか 좀처럼 | 大事(だいじ)だ 중요하다 | 約束(やくそく) 약속

1 〜(よ)うとしたんですが ~하려고 했는데

〜(よ)うと思(おも)ったんですが라고 할 수도 있습니다.

📢 말해 보세요

❶ 미리 연락하려고 했는데, 바빠서…….

前(まえ)もって＿＿＿＿＿としたんですが、忙(いそが)しくて…。

❷ 계속 얘기하려고 했는데, 찬스가 없어서…….

ずっと＿＿＿＿＿としたんですが、チャンスがなくて…。

❸ 몇 번이나 그만두려고 했는데, 좀처럼…….

何度(なんど)も＿＿＿＿＿としたんですが、なかなか…。

2 〜てしまう ~해 버리다

📢 말해 보세요

❶ 중요한 약속을 잊어버렸어요.

大事(だいじ)な約束(やくそく)を＿＿＿＿＿しまいました。

❷ 월급을 다 써 버려서…….

給料(きゅうりょう)をぜんぶ(使(つか)う)＿＿＿＿＿しまって…。

❸ 전철이 가 버렸어요.

電車(でんしゃ)が＿＿＿＿＿。

---

1. ❶ 連絡(れんらく)しよう ❷ 話(はな)そう ❸ 止(や)めよう
2. ❶ 忘(わす)れて ❷ 使って ❸ 行(い)ってしまいました

Day 086

この店は人気みたいですね
이 가게는 인기인가 봐요

추측 표현 네 가지(~みたいだ, ~らしい, ~そうだ, ~ようだ) 중에 먼저 ~みたいだ를 살펴보겠습니다. ~みたいだ는 눈앞에 보이는 상황을 추측해서 말할 때 씁니다. 우리말로는 '~하나 보다', '~인 것 같다' 등으로 해석됩니다. ~を見ると …みたいだ (~을 보니까 …하나 보다)와 같이 외워 두시면 쓰임을 이해하기 쉽습니다.

A 　あそこじゃないですか。

B 　そうみたいですね。

A 　人がおおぜい並んでいるのを見ると、
　　この店は人気みたいですね。

A 　저기 아니에요?
B 　그런 것 같네요.
A 　사람이 많이 줄 서 있는 걸 보니까 이 가게는 인기인가 봐요.

おおぜい 많은 사람, 여럿 | **並**(なら)**ぶ** 줄 서다 | **カップル** 커플 | **けんかする** 싸우다 | **問題**(もんだい) 문제 | **体調**(たいちょう) 상태, 컨디션 | **悪**(わる)**い** 나쁘다 | **行動**(こうどう) 행동 | **自信**(じしん) 자신 | **表情**(ひょうじょう) 표정

1 〜みたいだ ~하나 보다

📢 말해 보세요

① 저 커플은 싸우나 봐요.

あのカップルはけんかしている＿＿＿＿＿＿＿＿＿＿。

② 뭔가 문제가 있나 봐요.

何か＿＿＿＿＿＿＿＿＿＿みたいです。

③ 컨디션이 나쁜가 봐요.

体調が＿＿＿＿＿＿＿みたいです。

2 〜を見ると …みたいだ ~을 보니까 …하나 보다

〜みたいだ 앞에 〜を見ると가 오는 경우가 종종 있습니다.

📢 말해 보세요

① 행동을 보니까 외국인인가 봐요.

行動を見ると、＿＿＿＿＿＿＿＿＿みたいです。

② 말하는 것을 보니까 자신이 있나 봐요.

話しているのを＿＿＿＿＿、自信があるみたいです。

③ 표정을 보니까 별로 맛이 없나 봐요.

＿＿＿＿＿＿＿＿＿、あまりおいしくないみたいです。

---

1. ❶みたいです ❷問題(もんだい)がある ❸悪(わる)い
2. ❶外国人(がいこくじん) ❷見ると ❸表情(ひょうじょう)を見ると

Day 087

遠(とお)くからも来(く)るらしいです
멀리서도 찾아오는 것 같아요

~らしい는 들은 이야기로부터 추측을 할 때 씁니다. 聞(き)いた話(はなし)では ~らしい(들은 얘기로는 ~한 것 같다)의 형태로 외워 두시면 쓰임을 이해하기 쉽습니다. 이 표현은 들은 이야기를 전달할 때 쓰는 ~そうだ(~라고 한다)로 바꿔 말할 수 있습니다.

A 聞(き)いた話(はなし)では、特(とく)に女性(じょせい)に人気(にんき)らしいです。
B 遠(とお)くからもわざわざ来(く)るらしいです。

A 들은 얘기로는 특히 여자들에게 인기인 것 같아요.
B 멀리서도 일부러 찾아오는 것 같아요.

A 聞(き)いた話(はなし)では、特(とく)に女性(じょせい)に人気(にんき)だそうですよ。
B 遠(とお)くからもわざわざ来(く)るそうですよ。

A 들은 얘기로는 특히 여자들에게 인기래요.
B 멀리서도 일부러 찾아온대요.

特(とく)に 특히 | 女性(じょせい) 여성 | わざわざ 일부러 | 子供(こども)たち 아이들 | 流行(はや)る 유행하다 | 別(わか)れる 헤어지다 | 暇(ひま)だ 한가하다 | 寒(さむ)い 춥다

1 聞いた話では ～らしい 들은 얘기로는 ~한 것 같다

らしい 앞에 な형용사가 올 때는 어미 だ를 빼고 연결합니다.

📢 말해 보세요

① 들은 얘기로는 아이들에게 유행하는 것 같아요.
　　_____、子供たちに流行っているらしいです。

② 들은 얘기로는 두 사람은 헤어진 것 같아요.
　　聞いた話では、二人は_____。

③ 들은 얘기로는 요즘 한가한 것 같아요.
　　聞いた話では、最近_____らしいです。

2 ～そうだ ~라고 한다, ~하다고 한다 〈인용〉

인용을 나타낼 때 そうだ 앞에 오는 말은 기본형으로 씁니다. そうだ 앞에 동사의 ます형을 쓰면 '~할 것 같다'라는 다른 의미가 됩니다. (Day 088 참고)

📢 말해 보세요

① 듣기로는 아이들에게 유행한대요.
　　聞いた話では、子供たちに流行っている_____。

② 내일부터 추워진대요.
　　明日から(寒くなる)_____。

③ 부모님은 건강하시대요.
　　ご両親は_____そうです。

---

1. ❶ 聞いた話では ❷ 別(わか)れたらしいです ❸ 暇(ひま)
2. ❶ そうです ❷ 寒くなるそうです ❸ 元気(げんき)だ

おいしそう！
맛있겠다!

~そうだは 앞에 오는 말이 연결되는 형태에 따라 뜻이 달라집니다. '~할 것 같다'는 추측을 나타낼 때는 そうだ 앞에 동사의 ます형이나 형용사 어간(い형용사는 い를 떼고, な형용사는 だ를 떼고)을 씁니다. '~할 것 같아'라고 혼잣말이나 반말로 말할 때는 흔히 そうだ의 だ를 빼고 ~そう라고 합니다.

A　うわ～、すごい！ おいしそう！

B　この店、正解かも知れません。

A　口の中でとろけそう。

A　우와～, 대박! 맛있겠다!
B　이 가게, 제대로일지도 모르겠어요.
A　입 안에서 살살 녹을 것 같아.

正解(せいかい) 정답, 옳은 선택 | **とろける** 녹다 | **雨**(あめ)**が降**(ふ)**る** 비가 오다 | **頭**(あたま)**がいい** 머리가 좋다 | **だめだ** 안 되다 | **道**(みち)**が混**(こ)**む** 길이 막히다

1 ～そうだ ～겠다, ～할 것 같다 〈추측〉

동사 ます형 + そうだ / い형용사는 い 빼고 + そうだ / な형용사는 だ 빼고 + そうだ.
いい는 よさそうだ가 되니까 주의하세요.

📢 말해 보세요

❶ 그거 재미있겠다.

それ、_____そう。

❷ 비가 올 것 같아요.

雨（あめ）が_____そうです。

❸ 머리가 좋을 것 같아.

頭（あたま）が_____。

2 ～かも知れません ～지도 몰라요

～かも知れません 앞에 な형용사가 올 때는 だ를 빼고 연결합니다.

📢 말해 보세요

❶ 찬스일지도 몰라요.

_____かも知れません。

❷ 이번은 안 될지도 몰라요.

今回（こんかい）は_____かも知れません。

❸ 길이 막힐지도 몰라요.

道（みち）が混（こ）む_____。

---

1. ❶おもしろ ❷降（ふ）り ❸よさそう 2. ❶チャンス ❷だめ ❸かも知れません

Day 089

まるで宝石(ほうせき)のようですね
마치 보석 같네요

~みたいだ는 눈앞의 상황을 추측해서 말할 때, ~らしい는 들은 내용을 근거로 추측할 때, ~そうだ는 순간적으로 든 생각을 말할 때 사용한다고 했습니다. 네 번째 추측 표현인 ~ようだ는 주로 묘사나 비유를 할 때 쓰입니다. まるで ~ようだ(마치 ~인 것 같다)의 형태로 외워 두시면 이해하기 쉽습니다.

A イクラがこんなにたくさん！

B まるで宝石(ほうせき)のようですね。

A 多(おお)いから田中(たなか)さんに少(すこ)しあげます。

B いいえ、大丈夫(だいじょうぶ)です。

A おいしい店(みせ)を教(おし)えてくれましたから。

A 연어 알이 이렇게 많이!
B 마치 보석 같네요.
A 많으니까 다나카 씨에게 조금 줄게요.
B 아니요, 괜찮아요.
A 맛있는 가게를 가르쳐 주었으니까요.

イクラ 연어 알 | **まるで** 마치 | **宝石**(ほうせき) 보석 | **あげる** 주다 | **くれる** 주다 | **人形**(にんぎょう) 인형 | **本物**(ほんもの) 진짜 | **夢**(ゆめ) 꿈 | **起**(お)**きる** 일어나다

1 まるで ～ようだ 마치 ~인 것 같다

ようだ 앞에 명사가 오면 の를 넣어서 ~のようだ라고 하고, ようだ 뒤에 명사를 연결할 때는 ような…의 형태가 됩니다.

📢 말해 보세요

❶ 이 인형, 마치 진짜 같아요.

この人形(にんぎょう)、まるで (本物(ほんもの)) _____ ようです。

❷ 마치 꿈 같은 일이 일어났어요.

まるで夢(ゆめ)の_____ことが起(お)きました。

❸ 마치 일본 사람 같이 일본어를 잘해요.

_____日本人(にほんじん)のように日本語(にほんご)が上手(じょうず)です。

2 あげる (내가 상대에게) 주다, (A가 B에게) 주다
くれる (상대가 나에게) 주다

다른 사람들끼리 서로에게 주는 경우에는 あげる를 쓴다는 것을 기억하세요.

📢 말해 보세요

❶ 저는 친구에게 선물을 주었어요.

私(わたし)は友達(ともだち)にプレゼントを_____。

❷ 친구가 저에게 선물을 주었어요.

友達(ともだち)が私(わたし)にプレゼントを_____。

❸ 스즈키 씨가 다나카 씨에게 선물을 주었어요.

鈴木(すずき)さんが田中(たなか)さんにプレゼントを_____。

---

1. ❶本物の ❷ような ❸まるで   2. ❶あげました ❷くれました ❸あげました

Day 090

僕に払わせてください
제가 내게 해 주세요

일본에서는 割り勘(더치페이)이 당연하기 때문에 상대방을 대접하고 싶을 때는 僕に払わせてください(제가 내게 해 주세요)라고 얘기를 합니다. 그리고 어떤 행동을 하기 전에 상대방에게 허가를 구할 때는 동사의 사역형을 사용합니다.

A　ここは僕に払わせてください。
B　それはだめです。私も払います。
A　僕が食事に誘ったから、いいです。

A　여기는 제가 내게 해 주세요.
B　그건 안 돼요. 저도 낼게요.
A　제가 식사하자고 했으니까 괜찮아요.

払(はら)う 돈을 내다 | 食事(しょくじ) 식사 | 誘(さそ)う 권유하다 | 一言(ひとこと) 한 마디 | デート 데이트 | コンサート 콘서트

1 ～(さ)せてください ～하게 해 주세요

📢 말해 보세요

① 저도 한 마디 하게 해 주세요.
   私も一言(言う)_____。

② 여기 있게 해 주세요.
   ここに(いる)_____。

③ 다시 한 번 설명하게 해 주세요.
   もう一度、_____。

2 명사 + ～に誘う ～하자고 하다

동사 誘う는 '꾀다', '유혹하다', '권유하다' 외에도 '~하자고 하다'의 의미로도 많이 쓰여요.

📢 말해 보세요

① 데이트하자고 했으니까.
   _____に誘ったから。

② 콘서트에 가자고 했으니까.
   コンサートに_____。

③ 영화 보러 가자고 했으니까.
   _____に誘ったから。

---

1. ❶言わせてください ❷いさせてください ❸説明(せつめい)させてください
2. ❶デート ❷誘ったから ❸映画(えいが)

Day 091~100

- **Day 091** 本当においしかったです 진짜 맛있었어요
- **Day 092** 何がしたいですか 뭐 하고 싶어요?
- **Day 093** 連休はどう過ごしましたか 연휴는 어떻게 보냈어요?
- **Day 094** 東口にある店じゃないですか 동쪽 출구에 있는 가게 아니에요?
- **Day 095** 人が多かったでしょう 사람이 많았지요?
- **Day 096** 1時間も待たされたんですか 1시간이나 기다리게 했어요?
- **Day 097** 行ったことがありますか 간 적이 있어요?
- **Day 098** いい思い出になりました 좋은 추억이 됐어요
- **Day 099** 日本語が上手になりましたね 일본어가 많이 늘었네요
- **Day 100** 食べられるようになったんです 먹을 수 있게 됐어요

Day 091

本当(ほんとう)においしかったです
진짜 맛있었어요

형용사의 과거형은 지난 일에 대한 감상을 나타내기도 합니다. 대화 속에서 그 쓰임을 확인해 봅시다.

A あ～、お腹(なか)いっぱい！
本当(ほんとう)においしかったです。

B やっぱり、来(き)てよかったです。

A 아~, 배불러!
정말 맛있었어요.

B 역시 오길 잘했어요.

お腹(なか)がいっぱいだ 배가 부르다 | やっぱり 역시 | 楽(たの)しい 즐겁다 |
最初(さいしょ) 최초, 처음 | 大変(たいへん)だ 힘들다 | 正直(しょうじき)に 솔직히 |
前(まえ)もって 미리 | 覚(おぼ)える 기억하다, 익히다

1 (い형용사) 〜かったです　〜했어요 〈과거〉
(な형용사) 〜だったです

📢 말해 보세요

① 오늘은 정말 즐거웠어요.
　今日は本当に (楽しい)_____。

② 처음에는 힘들었어요.
　最初は (大変だ)_____。

③ 비가 굉장했어요.
　雨が (すごい)_____。

2 〜てよかったです　〜하길 잘했어요, 〜해서 다행이었어요

よかった는 '좋았다', '다행이다', '잘됐다'의 의미로 쓰입니다.

📢 말해 보세요

① 솔직하게 이야기하길 잘했어요.
　正直に_____。

② 미리 들어서 다행이었어요.
　前もって_____よかったです。

③ 그때 암기해 두길 잘했어요.
　あの時、覚えておいて_____。

---

1. ❶ 楽しかったです　❷ 大変だったです　❸ すごかったです
2. ❶ 話(はな)してよかったです　❷ 聞(き)いて　❸ よかったです

Day 092

何_{なに}がしたいですか
뭐 하고 싶어요?

'~하고 싶다'고 자신이 원하는 것을 말할 때 ~たい라고 합니다. 우리말로는 '~를 하고 싶다'라고 하니까 たい 앞에 조사 を를 쓸 것 같은데 が를 쓰니까 주의하셔야 합니다. ~が …たい의 형태로 기억해 둡시다.

A さあ、次は何をしましょうか。

B 鈴木さんは何がしたいですか。

A 僕は何か甘いものが食べたいです。

B 甘いものですか。
　 私は、今は食べたくないんですが。

A 그럼, 다음은 무엇을 할까요?
B 스즈키 씨는 뭐 하고 싶어요?
A 저는 뭔가 단것을 먹고 싶어요.
B 단것이요? 저는 지금은 먹고 싶지 않은데요.

何(なに)か 뭔가 | 甘(あま)いもの 단것 | 一度(いちど) 한번 | ずっと 계속, 줄곧 | 買(か)う 사다 | 二度(にど)と 두번 다시, 다시는

1. 동사 ます형 + ～たい ～하고 싶다

말해 보세요

① 한 번 가보고 싶어요.
一度（いちど）_____。

② 계속 같이 있고 싶어요.
ずっといっしょに_____。

③ 무엇을 사고 싶어요?
何（なに）が_____。

2. 동사 ます형 + ～たくない ～하고 싶지 않다

말해 보세요

① 지금은 아무것도 하기 싫어요.
今（いま）は何（なん）にも (やる)_____。

② 두 번 다시 먹고 싶지 않아요.
二度（にど）と_____。

③ 그녀를 만나고 싶지 않아요?
彼女（かのじょ）に_____。

---

1. ❶ 行(い)ってみたいです ❷ いたいです ❸ 買(か)いたいですか
2. ❶ やりたくないです ❷ 食(た)べたくないです ❸ 会(あ)いたくないですか

□MP3 듣기 ▶ □저자 강의 듣기 ▶ □복습하기

連休はどう過ごしましたか
연휴는 어떻게 보냈어요?

시간을 어떻게 보냈냐고 물어볼 때 過ごす라는 동사를 씁니다. 대화 속에서 동사와 형용사의 과거형이 어떻게 쓰였는지 살펴보세요.

A 連休はどう過ごしましたか。

B 渋谷で友達に会って、
 前からずっと食べたかったスイーツも食べて、
 とても楽しかったです。

A 연휴는 어떻게 보냈어요?
B 시부야에서 친구를 만나서
 전부터 계속 먹고 싶었던 스위츠도 먹고
 아주 즐거웠어요.

連休(れんきゅう) 연휴 | **過(す)ごす** 보내다, 지내다 | **スイーツ** 단것, 양과자 | **家族**(かぞく) 가족 | **田舎**(いなか) 시골 | **ゆっくり** 천천히, 느긋하게

1 過ごす 보내다, 지내다

📢 말해 보세요

❶ 휴가는 가족들과 보냈어요.
休みは家族と_____。

❷ 너와 보낸 시간
君と_____時間

❸ 시골에서 느긋하게 지내고 싶어요.
田舎でゆっくり_____。

2 前から 〜たかった 전부터 〜하고 싶었다

뒤에 명사를 붙이면 '전부터 〜하고 싶었던 …'라는 뜻이 됩니다.

📢 말해 보세요

❶ 전부터 한번 해 보고 싶었어.
_____一度やってみたかった。

❷ 전부터 계속 만나고 싶었어요.
前からずっと_____。

❸ 이거, 전부터 사고 싶었던 거예요.
これ、前から_____ものです。

---

1. ❶過ごしました ❷過ごした ❸過ごしたいです
2. ❶前から ❷会(あ)いたかったです ❸買(か)いたかった

東口にある店じゃないですか
동쪽 출구에 있는 가게 아니에요?

'~ 아니에요?' 하고 자신의 추측이 맞는지 확인하고 싶을 때 ~じゃないですか라고 합니다. 앞에 もしかして(혹시)를 붙이는 경우가 많으니 같이 기억해 둡시다.

A もしかして、東口にある店じゃないですか。

B ええ、そうです。
「プチマカロン」という名前の店です。

A 最近、あそこ評判らしいですね。

A 혹시 동쪽 출구에 있는 가게 아니에요?
B 네, 맞아요.
 '쁘띠 마카롱'이라는 이름의 가게예요.
A 요즘 거기 평판이 좋은 것 같아요.

もしかして 혹시 | 評判(ひょうばん)だ 평판이 좋다 | 故障(こしょう) 고장 | 勘違(かんちが)い 착각 | 駅前(えきまえ) 역 앞 | 喫茶店(きっさてん) 찻집 | お寺(てら) 절

1 もしかして 〜じゃないですか　혹시 〜 아니에요?

말해 보세요

① 혹시 저 사람 아니에요?

　もしかして_____じゃないですか。

② 이거 혹시 고장 아니에요?

　これ、_____故障じゃないですか。

③ 그건 혹시 착각 아니에요?

　それは、もしかして勘違い_____。

2 〜にある　〜에 있다

뒤에 명사를 붙이면 '〜에 있는 …'이라는 뜻이 됩니다.

말해 보세요

① 그 레스토랑은 호텔 안에 있어요.

　そのレストランは、ホテルの中に_____。

② 역 앞에 있는 찻집이요?

　駅前に_____喫茶店ですか。

③ 교토에 있는 절이에요.

　京都_____お寺です。

---

1. ❶ あの人(ひと) ❷ もしかして ❸ じゃないですか　2. ❶ あります ❷ ある ❸ にある

Day 095

人<small>ひと</small>が多<small>おお</small>かったでしょう
사람이 많았지요?

지나간 일에 대한 감상을 물어볼 때는 どうでしたか(어땠어요?)라고 합니다. 그리고 자신의 추측에 대해 어느 정도 자신이 있는 상태에서 그것을 상대방에게 확인할 때는 ~でしょう를 씁니다.

A 味<small>あじ</small>はどうでしたか。おいしかったですか。

B ええ、とてもおいしかったんですが。

A 人<small>ひと</small>が多<small>おお</small>かったでしょう。

B ええ、すごかったんです。

A 맛은 어땠어요? 맛있었어요?
B 네, 아주 맛있었는데요.
A 사람이 많았지요?
B 네, 굉장했어요.

多(おお)い 많다 | **天気(てんき)** 날씨 | **一日(いちにち)** 하루 | **旅行(りょこう)** 여행 | **意外(いがい)と** 의외로 | **びっくりする** 깜짝 놀라다

1 どうでしたか 어땠어요?

どうだったんですかと해도 같은 뜻입니다. 반말은 どうだった? 입니다.

📣 말해 보세요

① 날씨는 어땠어요?

　天気は_____。

② 오늘 하루는 어땠어?

　今日は一日_____?

③ 이번 여행은 어땠어요?

　今回の旅行は_____。

2 과거형 + ～でしょう ~했지요?

과거형 뒤에 でしょう를 붙이면 확인하는 의미가 됩니다. (Day 041의 ～でしょう 참고)

📣 말해 보세요

① 의외로 좋았지요?

　意外と_____でしょう。

② 거봐요, 괜찮았지요?

　ほら、_____でしょう。

③ 깜짝 놀랐지요? 미안해요.

　(びっくりする)_____。ごめんなさい。

---

1. ❶ どうでしたか ❷ どうだった ❸ どうでしたか
2. ❶ よかった ❷ 大丈夫(だいじょうぶ)だった ❸ びっくりしたでしょう

Day 096

1時間も待たされたんですか
1시간이나 기다리게 했어요?

'칭찬을 받다', '만들어지다', '사기를 당하다' 등과 같이 뭔가에 영향을 받거나 피해를 봤을 때 수동형으로 표현합니다. 사역수동형은 거기에 상대방의 명령이나 지시가 더해진 것인데, 싫은 상황을 누군가가 시켜서 겪게 되는 경우에 씁니다.

A 予約をしなくて、1時間も待ちました。

B 1時間も待たされたんですか。

A 待っている時は雨に降られて大変でした。

A 예약을 안 해서 1시간이나 기다렸어요.
B 1시간이나 기다리게 했어요?
A 기다릴 때는 비가 와서(비도 맞고) 힘들었어요.

予約(よやく) 예약 | **待**(ま)**たされる** 기다림을 당하다 | **雨**(あめ)**に降**(ふ)**られる** 비를 맞다 | **部長**(ぶちょう) 부장님 | **叱**(しか)**る** 야단치다 | **先輩**(せんぱい) 선배

1 (…に) 〜(ら)れる (…에게) ~당하다, ~해지다, ~받다 〈수동〉

수동형에서 행동의 주체를 표현할 때는 조사 に를 사용합니다.

📢 말해 보세요

❶ 여자 친구가 뭐라고 불러요?
　　　　　　　　　　　　　何と呼ばれていますか。

❷ 부장님한테 야단을 맞아서 기운이 없어요.
　部長に(叱る)　　　　　　　　　元気がないです。

❸ 옛날 사진을 남자 친구가 봤어요.
　昔の写真を彼氏に　　　　　　　　　　　　。

2 〜(さ)せられる ~하게 하다, ~하도록 시키다 〈사역수동〉

1그룹 동사의 사역수동형은 〜せられる인데, 회화에서는 〜される라고 하기도 합니다.
待たせられる＝待たされる　기다리게 하다

📢 말해 보세요

❶ 병원은 기다리게 하니까 싫어요.
　病院は　　　　　　　　　　　　嫌です。

❷ 선배가 술을 마시게 했어요.
　先輩にお酒を　　　　　　　　　　。

❸ 같은 일을 몇 번이나 시켰어요.
　同じことを何回も(する)　　　　　　　　　　　。

---

1. ❶彼女(かのじょ)に ❷叱られて ❸見(み)られました
2. ❶待(ま)たせられるから ❷飲(の)ませられました ❸させられました

Day 097

行(い)ったことがありますか
간 적이 있어요?

동사 과거형에 ことがある를 붙이면 '~한 적이 있다'라는 경험 표현이 됩니다. '~한 적이 없다'라고 할 때는 ことがない를 붙이면 되지요.

A　あの店(みせ)に行(い)ったことありますか。

B　まだ行(い)ったことないですけど、
　　聞(き)いたことはあります。
　　機会(きかい)があれば、ぜひ行(い)ってみたいです。

A　그 가게에 간 적 있어요?
B　아직 간 적은 없지만 들은 적은 있어요.
　　기회가 있으면 꼭 가 보고 싶어요.

機会(きかい) 기회 | **ぜひ** 꼭, 반드시 | **以前**(いぜん) 이전, 예전에 | **一度**(いちど)**も** 한 번도 | **チャンス** 찬스, 기회

1. 동사 과거형 + 〜ことがある　〜한 적이 있다

'〜한 적이 없다'는 〜ことがない입니다.

📢 말해 보세요

❶ 예전에 들은 적이 있어요.

　以前、＿＿＿＿＿＿＿＿ことがあります。

❷ 한 번도 먹은 적이 없어요.

　一度も＿＿＿＿＿＿＿＿ことがないです。

❸ 본 적은 있지만, 아직 먹은 적은 없어요.

　＿＿＿＿＿＿＿＿けど、まだ食べたことはないです。

2. 機会があれば　기회가 있으면

チャンスがあれば(찬스가 있으면)도 같이 알아 두세요.

📢 말해 보세요

❶ 기회가 있으면 한 번 만나 보고 싶어요.

　＿＿＿＿＿＿＿＿があれば、一度会ってみたいです。

❷ 찬스가 있으면 해 보고 싶어요.

　＿＿＿＿＿＿＿＿があれば、やってみたいです。

❸ 또 기회가 있으면 같이 갑시다.

　また＿＿＿＿＿＿＿＿、いっしょに行きましょう。

---

1. ❶聞(き)いた ❷食(た)べた ❸見(み)たことはある
2. ❶機会 ❷チャンス ❸機会があれば

いい思い出になりました
좋은 추억이 됐어요

なる는 '되다'라는 뜻의 동사입니다. '~가 되다'라고 할 때는 명사 다음에 になる를 붙이면 됩니다. 조사로 に를 쓴다는 것에 주의하세요.

A あの店は一度行った方がいいですね。

B ええ、あの味はぜったい忘れられないと思います。
ぜひ、恋人といっしょに。
いい思い出になりますよ。

A 그 가게는 한 번 가는 게 좋겠네요.
B 네, 그 맛은 절대 잊을 수 없을 거예요.
꼭 애인과 함께.
좋은 추억이 될 거예요.

ぜったい 절대 | 恋人(こいびと) 연인, 애인 | 思(おも)い出(で) 추억 | 信(しん)じる 믿다 | 大(おお)きい 크다

1 가능부정형 만드는 방법

(1그룹) 동사 어미를 e단으로 바꾸고 + **ない**
(2그룹) **る** 떼고 + **られない**
(3그룹) **来(こ)られない / できない**

📢 말해 보세요

❶ 같이 갈 수 없어.

いっしょに_____。

❷ 믿을 수 없는 이야기네요.

_____話(はなし)ですね。

❸ 내일 못 오는 사람?

明日(あした)_____人(ひと)?

2 명사 + 〜になる   〜가 되다

📢 말해 보세요

❶ 이제 곧 12시가 돼요.

もうすぐ12時(じゅうに じ)に_____。

❷ 친구가 됐어요.

_____なりました。

❸ 크면 뭐가 되고 싶니?

大(おお)きくなったら、_____なりたい?

---

1. ❶ 行(い)けない ❷ 信(しん)じられない ❸ 来(こ)られない
2. ❶ なります ❷ 友達(ともだち)に ❸ 何(なに)に

日本語が上手になりましたね
일본어가 많이 늘었네요

오랜만에 지인을 만나면 서로의 변화에 대해 이야기를 하게 되는 경우가 많죠? 이때 なる(되다)와 형용사를 이용해서 '～해지다'라는 변화의 표현을 만들 수 있습니다. い형용사는 ～くなる, な형용사는 ～になる가 되는데, 오늘은 な형용사의 경우를 공부하겠습니다.

A お久しぶりです。お元気でしたか。

B おかげさまで、元気です。

A 前よりも日本語が上手になりましたね。

B 本当ですか。そう言われると嬉しいです。

A 오랜만이에요. 잘 지내셨어요?
B 덕분에 잘 지내요.
A 전보다도 일본어가 많이 늘었네요.
B 정말요? 그런 말 들으니까 기쁘네요.

おかげさまで 덕분에 | 前(まえ)よりも 전보다도 | だいぶ 상당히, 꽤 | いきなり 갑자기 | 有名(ゆうめい)だ 유명하다 | よく 자주

1 (な형용사) 〜になる 〜해지다

い형용사의 경우에는 〜くなる가 됩니다. (Day 001 참고)

📢 말해 보세요

① 많이 건강해졌어요.

だいぶ (元気だ)_____ なりました。

② 더 예뻐지셨네요.

もっと (きれいだ)_____ なりましたね。

③ 갑자기 유명해졌어요.

いきなり_____。

2 (〜と)言われる (〜라는) 말을 듣다

📢 말해 보세요

① 예쁘다는 말 자주 들어요.

よく (かわいい)_____ と言われます。

② 좋아한다는 말을 들어서 기뻤어요.

_____ と言われて嬉しかったです。

③ 뭐라고(무슨 말을) 들었어요?

何と_____。

---

1. ❶元気に ❷きれいに ❸有名(ゆうめい)になりました
2. ❶かわいい ❷好(す)き ❸言われましたか

食べられるようになったんです
먹을 수 있게 됐어요

오늘은 '~하게 되다'를 일본어로 어떻게 표현하는지 살펴보겠습니다. 그전에 할 수 없었던 행동을 할 수 있게 된 변화를 나타낼 때는 「동사 가능형 + ようになる」를 쓰고, 정해진 일정이나 결과를 말할 때는 「동사 기본형 + ことになる」를 쓰니까 구분해서 알아 둡시다.

A 最近は納豆も食べられるように なったんですよ。
それから旅行会社で働くことになりました。

B 本当に？おめでとう。よく頑張りましたね。

A 요즘은 낫또도 먹을 수 있게 됐어요.
그리고 여행사에서 일하게 됐어요.

B 정말요? 축하해요. 노력을 많이 하셨군요.

それから 그리고 | 旅行会社(りょこうがいしゃ) 여행사 | 聞(き)き取(と)る 알아듣다 |
字幕(じまく)なしで 자막 없이 | 出張(しゅっちょう) 출장 | 引(ひ)っ越(こ)す 이사하다

1. 동사 가능형 + ようになる ~할 수 있게 되다

말해 보세요

① 꽤 말할 수 있게 됐어요.

けっこう (話す)_____ようになりました。

② 다 알아들을 수 있게 됐어요.

ぜんぶ聞き取れる_____なりました。

③ 자막 없이 볼 수 있게 됐어요.

字幕なしで_____。

2. 동사 기본형 + ことになる ~하게 되다

~ことになる는 정해진 일을 말할 때 쓸 수 있습니다.

말해 보세요

① 출장으로 오사카에 가게 됐어요.

出張で大阪に_____。

② 내년에 결혼하게 됐어요.

来年、_____ことになりました。

③ 다음 달에 이사하게 됐어요.

来月、引っ越す_____。

---

1. ❶話せる ❷ように ❸見(み)られるようになりました
2. ❶行(い)くことになりました ❷結婚(けっこん)する ❸ことになりました